| 职业教育电子商务专业 系列教材 |

网店美工

（第3版）

主　编／杜　珺　黄　彦

副主编／彭燕娟　汪森霖

参　编／（排名不分先后）

　　　　彭秋秋　吴楚洲　江　涛

重庆大学出版社

内容提要

本书打破传统教学模式，按照网店美工岗位从业人员的典型工作任务，总结细化模拟再现出5个学习项目，从简单修图到商品主辅图制作，进阶到广告制作和店铺装修及商品描述，最后进行数据分析和网店装修诊断，以学生为主体，以项目驱动，通过实际案例，让学生亲身体验岗位实践。这充分体现了"做中学"的思想，在保证基本知识能力的基础上，重点培养学生分析问题、解决问题的能力，让学生毕业后能尽快适应美工岗位，顺利投入工作。本书以"立德树人"为核心进行教学设计，结合岗位要求确定教学目标，体现了课程思政目标引领下的电子商务教学体系综合改革成果，教学项目设计注重引导学生树立正确的人生观、世界观、价值观，培养学生成为品行端正、诚实守信、尽职尽责的设计师。本书提供了课件、微课视频等教学资源，适用于线上线下混合的教学方式，可作为职业院校电子商务及其他相关专业的教学用书，也可作为网店美工设计人员的培训资料。

图书在版编目（CIP）数据

网店美工 / 杜珺，黄彦主编. --3版. --重庆：重庆大学出版社，2023.6

职业教育电子商务专业系列教材

ISBN 978-7-5624-9578-9

Ⅰ.①网… Ⅱ.①杜… Ⅲ.①电子商务—网站—设计—职业教育—教材 Ⅳ.①F713.361.2

中国国家版本馆CIP数据核字（2021）第198401号

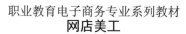

职业教育电子商务专业系列教材
网店美工
（第3版）
WANGDIAN MEIGONG

主　编　杜　珺　黄　彦
副主编　彭燕娟　汪森霖
策划编辑：王海琼

责任编辑：文　鹏　　版式设计：莫　西
责任校对：谢　芳　　责任印制：赵　晟

*

重庆大学出版社出版发行
出版人：饶帮华
社址：重庆市沙坪坝区大学城西路21号
邮编：401331
电话：（023）88617190　88617185（中小学）
传真：（023）88617186　88617166
网址：http://www.cqup.com.cn
邮箱：fxk@cqup.com.cn（营销中心）
全国新华书店经销
重庆升光电力印务有限公司印刷

*

开本：787mm×1092mm　1/16　印张：10.5　字数：219千
2016年1月第1版　2023年6月第3版　2023年6月第14次印刷
印数：38 501—43 500
ISBN 978-7-5624-9578-9　　定价：49.00元

www.🛒.com

编写人员名单

主　编

　　杜　珺　惠州城市职业学院

　　黄　彦　惠州城市职业学院

副主编

　　彭燕娟　佛山市南海区九江职业技术学校

　　汪森霖　中山市沙溪理工学校

参　编（排名不分先后）

　　彭秋秋　广东省财经职业技术学校

　　吴楚洲　广东省对外贸易职业技术学校

　　江　涛　广州市德镱信息技术有限公司

编委会

顾问　邵兵家

编委（排名不分先后）

冯子川	陈建国	田中宝	吴　成	李志宏	林　沛
何爱华	郭达恩	卢永辉	鲁东晴	胡训华	曾国熊
徐益龙	郭玉刚	王剑勤	章利建	黄惠雯	李庆韶
李　毅	杨良松	张方阳	肖学华	李浩明	廖文硕
欧阳俊	彭翔英	邱旭波	吴赛花	李　剑	周柏成
吴莹莹	刘　佳	邱佩娜	陆志良	赵美玲	王　薇
孙　令	廖兴峰	张雪玲	何妙佳	雷颖晖	钟雪梅
张文彬	冯益鸣	黄耀灿	黄有志	钟卫敏	夏永文
容湘萍	唐汉邦	杜　珺	吴玉娜	黄　彦	许嘉红
邓卓建	叶　敏	詹益生	曾国彬	何　流	陈晓冰
邱苑琼	陈婷婷	凌　云	林　辉	李晓荣	张道辉
葛荣光	吴享明	颜小玉	向　兰	陈唯宏	陈　莉
陶顺安	张　涛	吴上生	孟爱丽	邱雪红	钟义清
杨怡文	赵　婷	黄奕昕	杜　慧	罗文君	曾淑文
王　冰	李怀亮	刘　月	彭　军	陈　玲	叶丽芬
李晓燕	邓　敏	曾　越	彭　丞	戈婷婷	熊文辉
骆愫颖	李力君				

前言（第3版）

随着电子商务的深入发展，网络购物日益成为人们生活中必不可少的一部分，电子商务公司之间的竞争日趋激烈。为了提高关注度，网店经营者开展视觉营销，以使自己在同行业的竞争中脱颖而出，而且这种趋势愈演愈烈。网店装修与网店转化率、聚客能力也是息息相关的。因此，对网店美工人员的需求量呈爆发性增长。

一个优秀的网店美工除了会使用Photoshop、Coreldraw等图片处理工具之外，还需要对消费者购物心理有一定了解，能用精美的图文表达商品的卖点；对网页布局有丰富经验，对色彩敏感，能处理各种视觉冲突，有良好的审美观；能够根据公司商品的上架情况和促销信息制作促销广告；能够通过网站后台数据，挖掘消费者的浏览习惯和消费需求。

本书按照网店美工岗位从业人员的典型工作任务，总结、细化、模拟、再现出5个学习项目，从简单修图到商品主辅图制作，再进阶到广告制作和店铺装修，最后进行数据分析和网店装修诊断，通过实际案例讲解，充分体现了"做中学"的思想，在保证基本知识能力的基础上，重点培养学生分析问题、解决问题的能力，让学生毕业后能尽快适应美工岗位，顺利投入工作。本书适合作为中等职业院校计算机及电子商务专业的教材，也可作为网店美工设计人员的培训资料。

本书第一版经过多次重印已经售罄,不少学校教师通过各种途径反馈希望书能修订再版。本次修订对上一版部分案例内容进行了调整,增加了微课视频二维码,更加方便学生自主学习,并增加了课程思政内容,其教学设计和思政小课堂体现了以专业教学为主阵地,将思想政治教育融入专业课程教学之中,培养学生树立正确的人生观、世界观、价值观。本书结合电子商务专业特点及学生特点,把社会主义核心价值观的具体要求融入日常教学工作、行为规范、岗位职责等方面,真正让社会主义核心价值观融入教学、生活的方方面面,引导学生以设计师身份思考,充分考虑客户的利益,始终秉承诚信友善的原则等。同时,更注重工匠精神中的执着、坚持、专注,同时强调"技"与"道"的融合。

采用本书进行教学时,可参考学时分配如下:

序　号	项　目	参考学时
1	Photoshop基础操作	6
2	商品照片处理	10
3	网上店铺装修	24
4	商品描述页面制作	24
5	店铺装修诊断	8
合　计		72

本书由惠州城市职业学院杜珺和黄彦担任主编,副主编为彭燕娟,汪森霖。项目1的任务1—任务4由广东省外语艺术职业学院吴楚洲编写;项目2的任务1—任务3由佛山市南海区九江职业技术学校彭燕娟编写;项目2的任务4、项目3的任务1及任务2由广东省财经职业技术学校彭秋秋编写;项目3的任务3—任务5由中山市沙溪理工学校汪森霖编写;项目4的任务1—任务5由惠州城市职业学院杜珺编写;项目5的任务1、任务2由惠州城市职业学院黄彦编写;全书由惠州城市职业学院黄彦老师负责统稿。

本书在编写过程中得到广州市德镱信息技术有限公司设计总监江涛的大力支持。书中涉及部分素材来源于网络及学生作品,本书绝无侵权之意,在此向原作者致以由衷的谢意。

本书配有电子课件和试卷供教师教学参考,需要者可到重庆大学出版社的资源网站(www.cqup.com.cn)下载。

由于编写的时间仓促,水平有限,书中难免存在遗漏、疏忽之处,恳请大家批评指正。

编　者

2023年3月

www.🛒.com

前　言

　　随着电子商务的深入发展，网络购物日益成为人们生活中必不可少的一部分。电子商务公司之间的竞争日趋激烈，为了吸引眼球，网店店主想方设法包装自己的网店，以使自己在同行业的竞争中脱颖而出，而且这种趋势愈演愈烈。网店的装修与网店的转化率和聚客能力也是息息相关的。因此，网店美工人员的需求量呈爆发性增长。

　　一个优秀的网店美工除了会使用Photoshop、Coreldraw等图片处理工具之外，还需要对消费者购物心理有一定了解，能用精美的图文表达产品的卖点；对网页布局有丰富经验，对色彩敏感，能处理各种视觉冲突，有良好的审美观；能够根据公司产品的上架情况和促销信息制作促销广告；能够通过网站后台数据，挖掘消费者的浏览习惯和点击需求。

　　本书按照网店美工岗位从业人员的典型工作任务，总结细化模拟再现出5个学习项目，从简单修图到商品主辅图制作，进阶到广告制作和店铺装修及商品描述，最后进行数据分析和网店装修诊断，通过实际案例讲解，充分体现了"做中学"的思想，在保证基本知识能力的基础上，重点培养学生分析问题、解决问题的能力。让学生毕业后能尽快进入美工岗位，顺利投入岗位工作。本书适合作为中等职业院校计算机及电子商务专业的教材，也可作为网店美工设计人员的培训资料。

　　采用本书进行教学时可参考学时分配如下：

序　号	项　　目	参考学时
1	Photoshop基础操作	6
2	商品照片处理	10
3	网上店铺装修	24
4	商品描述页面制作	24
5	店铺装修诊断	8
合　计		72

本书由惠州城市职业学院杜珺老师主编，副主编为彭燕娟，汪森霖。项目1的任务1—任务4由吴楚洲编写；项目2的任务1—任务3由彭燕娟编写；项目2的任务4、项目3的任务1—任务2由彭秋秋编写；项目3的任务3—任务5由汪森霖编写；项目4的任务1、任务5由杜珺、麦海森、杨磊编写；项目4的任务2—任务4由黄宇建编写；项目5的任务1—任务2由惠州城市职业学院黄彦编写；全书由惠州城市职业学院杜珺老师负责统稿。本书在编写过程中得到绯闻女鞋网店运营总监范华锋先生的大力支持。书中涉及部分素材来源于网络及学生作品，这里绝无侵权之意，在此向原作者致以由衷的谢意。

本书配有电子课件和试卷供教师教学参考，需要者可到重庆大学出版社的资源网站（www.cqup.com.cn，密码和用户名：cqup）下载。

由于编者水平有限，书中难免存在疏漏之处，恳请大家批评指正。

编　者

2015年10月

www.🛒.com

目　录

项目1　Photoshop基础操作

项目综述

电子商务的崛起，网店美工的重要性也逐渐地体现出来。因为网店美工有利于增加商品被潜在顾客发现的概率，同时也影响着买家的购买决策；有利于提高自己在同类卖家中的竞争力，从而提高销量。Photoshop是一个功能强大的图像处理软件，在网页制作和多媒体课件中得到广泛的应用，也是网店美工常用的工具。本项目主要通过在网店美工中常用的实例进行分析和讲解。该项目主要任务有：商品照片裁剪、商品照片抠图、商品照片调色、商品照片修图。

项目目标

学习完本项目后，你将能够：

知识目标

- 认识商品照片裁剪的方法。
- 认识常见的抠图方法。
- 了解照片调色的方法。
- 学习商品照片的修图方法。

能力目标

- 能够用不同的方法对照片进行裁剪。
- 能够用不同的方法对商品照片进行抠图。
- 掌握商品照片的调色方法。
- 学会商品照片的修图方法。
- 具备处理商品图片的能力。
- 具备审美及色彩辨别能力。
- 具备Photoshop的运用能力。

素质目标

- 培养学生工匠精神，做事情能够专注、细心、精益求精。

项目思维导图

任务1　商品照片裁剪

情境设计

小丽到惠美电子商务有限责任公司网店美工部门实习,美工部门安排了小王指导小丽,小王为了让小丽尽快熟悉图形处理软件的操作,找了之前摄影部门拍摄有问题的商品图片让小丽练习图片处理。这些商品图片有的透视太夸张,有的拍摄时相机离得太近,角度过高或过低,立体的商品好像扭曲变形,经销授权证书倾斜变形,建筑物透视变形,如何修正?

任务分解

拿到商品图片,首先要从整体上判断是否存在问题。修图的原则是先调整体,再调细节。要判断构图是否正确,商品是否拍歪了,是否存在影响效果的透视等问题。

活动1　校正透视图

活动背景

商品透视太夸张,拍摄时相机离得太近,角度过高或过低,商品立体图扭曲变形,经销授权证书倾斜变形,商品头重脚轻等,如何修正?

校正透视图

活动实施

①如图1.1.1所示,由于拍摄角度的问题,商品图片头重脚轻,严重失真。如图1.1.2所示是经过Photoshop校正透视,重新定好重心、大小后的效果图。

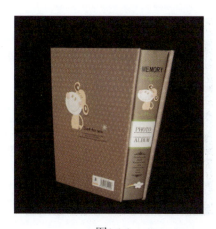
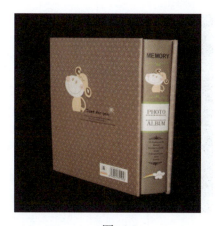

图1.1.1　　　　　　　　　　　　　　　　　　图1.1.2

②打开"电子素材/项目1/失真图.jpg",选择工具栏裁剪工具右下角箭头处的透视裁剪工具,如图1.1.3所示。

图1.1.3

③根据透视学的原理调整裁剪框的控制点,使裁剪框的虚线与物品的边缘成平行线,如图1.1.4所示。

④按下Enter键之后得到如图1.1.5所示的效果图。

图1.1.4

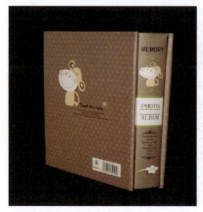

图1.1.5

活动评价

通过该活动,能对由于拍摄角度造成头重脚轻等问题引起商品变形的图片进行处理。

活动2　校正倾斜重构图

活动背景

拍摄照片的光轴与主题的视平线未能形成平行状态时,相机不水平,商品拍摄时倾斜,建筑物倾斜,人物构图不正,两者间形成一定的夹角,都会使拍摄出的照片出现一定程度的倾斜,这可以通过Photoshop裁剪来校正,不需要重新拍摄。

活动实施

①如图1.1.6所示,由于拍摄照片的光轴与主题的视平线未能形成平行状态时,或相机不水平,或商品拍摄时倾斜,造成照片中的商品出现一定程度的倾斜。图1.1.7是经过Photoshop校正倾斜重构图后的效果图。

校正倾斜重
构图

图1.1.6

图1.1.7

②打开"电子素材/项目1/倾斜图.jpg",为了便于裁剪和商品展示,我们想将画布改成正方形,如图1.1.8、图1.1.9所示。

图1.1.8

图1.1.9

③选择工具栏裁剪工具，如图1.1.10所示，此时光标就会变成裁剪图标。

④根据需要拉出裁剪框，可以通过裁剪框周围的控制点拉伸裁剪框的大小。

⑤裁剪框拉伸好之后，将光标移出裁剪框并靠近矩形控制点的时候，你会看到光标会变成拐角一样的双向箭头，这个时候可以任意旋转拐角的方向。

⑥当旋转的角度使裁剪框的其中一条边与商品的一条边平行时，如图1.1.11所示，请按Enter键，会出现如图1.1.7所示的效果。

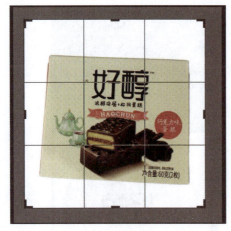

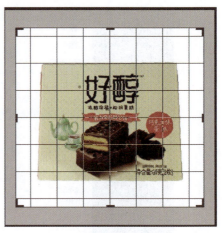

图1.1.10   图1.1.11

活动评价

本次活动是针对拍摄过程中，由于角度的问题，导致商品倾斜，不利于展示。通过Photoshop的裁剪工具，调整好商品的角度，使其重新构图，达到更好的展示效果。

任务2   商品照片抠图

情境设计

网店美工这门课程，学习者多数是为了开网店。想做好网店一定会涉及图片处理，即使请专业的设计师，自己也需要懂得一点图片处理的知识，才能对网店图片进行处理工作。其中，抠图是一项很重要的工作，良好的抠图技巧可以使不美的图片经过处理后看上去美观大方，也可以使本来很美的图片锦上添花。图片是网店的灵魂，好的图片可以提高交易的成功率。

任务分解

为了更加方便快捷地抠出商品图，首先要看照片主体和背景，如果主体边缘清晰并且与背景区分度高，可以用魔棒、快速选择工具，否则就需要使用钢笔工具、色阶等精准抠出商品图。

活动1 钢笔工具抠图

活动实施

利用如图1.2.1和图1.2.2所示的素材，使用钢笔工具抠取物品的外轮廓，对商品的背景进行置换，并做成如图1.2.3所示的效果。

钢笔抠图

图1.2.1

图1.2.2

图1.2.3

①打开"电子素材/任务项目1/钢笔抠图素材.jpg",将钢笔的画面放大显示,将画面窗口移至合适的位置。

②单击工具栏的 按钮,将鼠标光标移动到如图1.2.4所示的位置单击,创建路径的起始点,并按照如图1.2.5所示的路径方向创建第二、第三……节点。

③用上面相同的方法,沿商品的边缘依次单击,创建出如图1.2.5所示的闭合路径。

图1.2.4　　　　　　　　　　　　　　　　　图1.2.5

④单击工具箱中的 按钮,将光标移动到节点,按下鼠标左键并拖曳,此时将出现两条调节柄,如图1.2.6所示。

⑤分别调整两端调节柄的长度和方向,从而调整节点两侧路径的弧度,使其紧贴钢笔的轮廓。

⑥用步骤④和步骤⑤相同的方法将路径调整为如图1.2.7所示的效果。

图1.2.6　　　　　　　　　　　　　　　　图1.2.7

⑦单击"路径"面板底部的 (将路径作为选区载入)按钮,将路径转换为选区。

⑧在选择菜单栏中,单击"选择"→"修改"→"平滑"命令,弹出"平滑选区"对话框,如图1.2.8所示。

图1.2.8

⑨选择菜单栏中"编辑"→"拷贝"命令，复制选区内的商品。

⑩打开"电子素材/项目1/背景1.jpg"，按住Ctrl+V组合键粘贴商品，并按Ctrl+T组合键调整到合适的大小和位置。最终效果如图1.2.3所示。

知识窗

锚点转换技巧：使用直接选择工具 ▲ 时，按住Ctrl+Alt键（可切换转换点工具 ▶）单击并拖动锚点，可将其转换为平滑点；按住Ctrl+Alt键单击平滑点可以将其转换为角点。

使用钢笔工具 ✎ 时，将光标放在锚点上时，按住Alt键（可以切换为转换点工具 ▶）单击并拖动角点可将其转换为平滑点；按住Alt键单击平滑点则可将其转换为角点。

活动2　其他工具抠图

活动实施

如图1.2.9和图1.2.10所示的素材上，利用通道抠取衣服的照片，并将背景换成如图1.2.11所示的效果。

①打开"电子素材/项目1/裙子.jpg"，选择钢笔工具，在照片上画出如图1.2.12所示的路径，把衣服没有蕾丝的部分勾勒出来。

图1.2.9　　　　　　　　　图1.2.10　　　　　　　　图1.2.11

②按下Ctrl+Enter快捷键将路径转换为选区，再按下Ctrl+J快捷键复制图层1，单击选择背景层。

③打开通道面板，复制红色通道"红副本"，按下"Ctrl+L"快捷键调整色阶，参数如图1.2.13所示。

④用钢笔工具分别绘制出衣袖和裙底蕾丝部分，然后用路径选择工具 ▲ 选择裙底部分路径，如图1.2.14所示。按下Ctrl+Enter组合键将路径转换为选区。

⑤按住Ctrl+Shift+Alt 组合键，单击通道"红副本"，可以得到选区的交集。按下Ctrl+J组合键复制图层2，再选择背景层。

其他方法抠图

图1.2.12

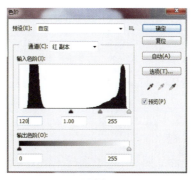

图1.2.13

⑥重复步骤④和⑤，分别复制出两只衣袖的蕾丝部分，形成图层3和图层4，如图1.2.15所示。

⑦将图层1、图层2、图层3、图层4合并成为1个图层，并打开"电子素材/项目1/背景2.jpg"，将图层1移至打开的图1.2.10素材，按下Ctrl+T快捷键调整好图层1的大小和合适的位置，如图1.2.16所示。

图1.2.14

图1.2.15

图1.2.16

任务3　商品照片调色

情境设计

有过网购经验的亲们一定都知道，商品色差是一件很令人头疼的事。事实上，色差对于苦心经营的卖家来说，其带来的烦恼有过之而无不及。因为灯光、拍摄环境等原因造成的色差很难避免，但是却会给买家带来错误的引导，因此造成的退换货和差评纠纷也是最多的。本任务的主要目的是对出现色差的商品图进行调整，从而减少色差。

任务分解

商品图片存在偏色，通常是由于色彩的色相、饱和度和明度不准确导致的。图片调色通常是先调整整体和局部曝光，然后调整色彩。

活动1　曲线工具调色

活动背景

曲线是Photoshop中强大的调整工具，本活动主要是通过调整曲线来调整曝光严重不足的照片。

曲线工具调色

活动实施

①打开商品照片"电子素材/项目1/裙子2.jpg"，如图1.3.1所示，这是一张曝光严重不足的照片，画面很暗，阴影区域细节非常少。

②按下Ctrl+J快捷键复制"背景"图层，得到"图层1"；将它的混合模式改成"滤色"，提升图像整体的亮度，如图1.3.2和图1.3.3所示。

③再按下Ctrl+J快捷键，复制这个"滤色"模式的图层，效果如图1.3.4所示。

图1.3.1　　　　　　　　　图1.3.2　　　　　　　　　图1.3.3

④单击"调整"面板中的 ![按钮] 按钮，创建"曲线"调整图层。在曲线偏下的位置单击，添加一个控制点，如图1.3.5所示，然后向上拖动曲线，将图像的暗部区域调亮，如图1.3.6和图1.3.7所示。

图1.3.4　　　　　　　　　图1.3.5

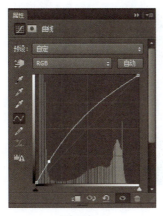
图1.3.6

图1.3.7

修正白平衡

活动2   修正白平衡

活动背景

白平衡英文名称为White Balance。物体颜色会因投射光线颜色产生变化，在不同光线的场合下拍摄出的照片会有不同的色温。例如，以钨丝灯(电灯泡)照明的环境拍出的照片可能偏黄，一般来说，CCD没有办法像人眼一样自动修正光线的改变(CCD在摄像机里是一个极其重要的部件，它起到将光线转换成电信号的作用)。

活动实施

①打开商品照片"电子素材/项目1/修正白平衡.jpg"，如图1.3.8所示。这是一张偏冷的照片，通过白平衡修正，减少色差。

②通过菜单栏"调整"→"照片滤镜"尝试如图1.3.9所示的加温滤镜（81）、浓度34%，可以得到如图1.3.10所示的效果。

图1.3.8

图1.3.9

图1.3.10

知识窗

校正色差，还能通过"滤镜"里面的"镜头校正"滤镜、"曲线"和"色相/饱和度"等命令来实现。

活动3　调整图片亮度与鲜艳度

活动实施

调整图片亮度与鲜艳度

①打开"电子素材/项目1/调整图片亮度与鲜艳度.jpg"文件，如图1.3.11所示，用钢笔工具勾勒出商品的轮廓来，如图1.3.12所示，并将轮廓转换为选区，如图1.3.13所示。

图1.3.11　　　　　　　　图1.3.12　　　　　　　　图1.3.13

②执行"图像"→"调整"→"色彩平衡"命令，设置对话框如图1.3.14所示。

③执行"图像"→"调整"→"亮度/对比度"命令，设置对话框如图1.3.15所示，调整后如图1.3.16所示。取消选择，即可得到如图1.3.17所示的效果。

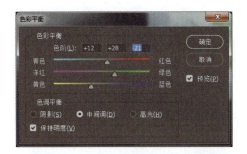

图1.3.14　　　　　　　　　　　　　　　图1.3.15

图1.3.16　　　　　　　　　　　　　　　图1.3.17

任务4　商品照片修图

情境设计

　　商品照片拍摄过程中,由于种种原因(背景、灯光、拍摄角度等),拍出来的照片可能存在色差,漂亮的背景存在瑕疵,素材存在水印等,这就需要对商品的照片进行修图,从而达到理想的效果。

任务分解

　　如果商品图片存在瑕疵,修图时要遵循从大到小的原则,先修图片大面积的瑕疵,结构调整好之后再修局部瑕疵。

活动1　水印修补与内容识别

活动背景

　　水印修补是在Photoshop CS5以上版本才有的一个功能,用这个方法能够快速去除水印。

快去水印修补
与内容识别

活动实施

快速去除如图1.4.1所示的水印,得到如图1.4.2所示的效果。

图1.4.1　　　　　　　　　　　　　　图1.4.2

①打开"电子素材/项目1/快速去除水印2.jpg",先复制一个图层,然后在图层1上进行处理。

②用套索工具选择水印,如图1.4.3所示。

③然后执行"编辑"→"填充"命令(或者按Shift+F5组合键)出现如图1.4.4所示的对话框,选择"内容识别"选项,单击"确定"按钮即可得到如图1.4.5所示的图案。

 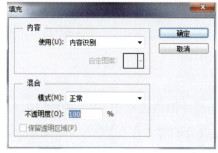

图1.4.3　　　　　　　　　　　　　　图1.4.4

图1.4.5　　　　　　　　　　　　　　图1.4.6

④重复步骤②和步骤③,如图1.4.6所示,去除U盘上面的水印,即可得到如图1.42所示效果。

活动2　图章工具修图

活动背景

练习仿制图章工具、修复画笔工具、图案图章工具等。

图章工具修图

活动实施

用仿制图章、修复画笔、图案图章工具将如图1.4.7所示的图修成如图1.4.8所示的效果。

①打开素材"电子素材/项目1/图章修复.jpg"，选定仿制图章工具，按住Alt键，此时光标为"靶"状，可取色样。注意于黑色圈内取色样，如图1.4.9所示。然后松开Alt键，在红色圈内慢慢单击，记住此时取样点随单击部位不同也不断变动。将3个瓶子擦除，步骤与效果如图1.4.10—图1.4.12所示。

图1.4.7

图1.4.8

图1.4.9

图1.4.10

图1.4.11

图1.4.12

②仿制图章工具中可以选择不同的画笔形状、大小、涂抹范围。

③利用修复画笔工具，对桌子进行修改，增加桌子的真实性。

④打开素材"电子素材/项目1/蝴蝶.jpg"文件，如图1.4.13所示。

⑤选择魔棒工具，选定图片的白色背景，容差设置为"20"之后按住Delete键，删除选定选区的像素。如图1.4.14所示为删除背景后的效果，选择菜单栏"编辑"→"定义图案"命令，将图片定位"图案"。

图1.4.13

图1.4.14

⑥选择图案图章工具，单击刚刚新建的蝴蝶图案，用图案图章工具在图片上绘制蝴蝶，多余的图用橡皮擦工具清除，效果如图1.4.8所示。

思政小课堂

中国画中的传统色审美

中国画的传统色彩观是中国几千年的历史与文化沉淀孕育出来的，具有鲜明的民族特征与特色。中国画的传统色彩观是"随类赋彩"与"墨分五色（指墨色变化的焦、浓、重、淡、清）"。"随类赋彩"有两层含义：一层含义是赋色要以客观现实为依据，随物象类别的不同而赋彩，如图1.4.15和图1.4.16所示。"类"是抽象概念，不是指某个具体物象，也不是指某种特殊环境下的物象，而是包括了相同或相近似的不同物象。如不同白色的各种花归为白花一类，然后依据所归属的这一类色彩而赋彩。"随类赋彩"的另一层含义是画家主观赋予的，它不是纯粹的自然色再现，它是画家意象思维的结果。如墨竹、墨荷、赭石梅花等，都不是物象本身的固有色，而是画家联想、虚构出来的。海天霞，是灿烂海霞里云朵和天空被染上的那层浅红；月白，是月光洒下一片青白；千山翠，是山峦之翠，滋润而不透明，隐露青光如玉。还有妃红、棠梨、十样锦、水红、碧山……每一个传统色的名词，都隐含了几千年来中国人看待世界的方式。只是近现代以来，由于种种原因，传统色日渐淡出我们的生活。中国的传统色彩中，隐藏着那么多魅力，值得我们好好运用与学习！参考书目：《中国传统色：故宫里的色彩美学》。

图1.4.15

图1.4.16

项目检测

1. 单选题

（1）通道的数量取决于图像的（　　　）。

　　A. 图像模式　　　　　　　B. 图层　　　　　　C. 路径

（2）按住（　　　）键，单击通道，能将通道转化成选区。

　　A. Shift　　　　　　　　　B. Alt　　　　　　　C. Ctrl

（3）选择【修复画笔】工具后,需要按住(　　　)键进行取样。

  A. Shift   B. Alt   C. Ctrl

（4）(　　　)格式用于网店页面中的图像制作。

  A. EPS   B. PSD   C. TIFF   D. JPEG

（5）当编辑图像时,使用减淡工具可以达到何种目的?(　　　)

  A. 使图像中某些区域变暗   B. 删除图像中的某些像素

  C. 使图像中某些区域变亮   D. 使图像中某些区域的饱和度增加

2. 多选题

（1）下面是创建选区时常用的功能,哪些是正确的?(　　　)

  A. 按住Alt键的同时单击工具箱的选择工具,就会切换不同的选择工具

  B. 按住Alt键的同时拖拉鼠标可得到正方形的选区

  C. 按住Alt和Shift键可以形成以鼠标落点为中心的正方形和正圆形的选区

  D. 按住Shift键使选择区域以鼠标的落点为中心向四周扩散

（2）套索工具包含哪几种套索类型?(　　　)

  A. 自由套索工具   B. 多边形套索工具

  C. 矩形套索工具   D. 磁性套索工具

（3）下列哪些工具可以在选项调板中使用选区运算?(　　　)

  A. 矩形选择工具   B. 单行选择工具

  C. 自由套索工具   D. 喷枪工具

（4）变换选区命令可以对选择范围进行哪些编辑?(　　　)

  A. 缩放   B. 变形

  C. 不规则变形   D. 旋转

（5）当我们在Photoshop中建立新图像时,可以为图像设定:(　　　)。

  A. 图像的名称   B. 图像的大小

  C. 图像的色彩模式   D. 图像的存储格式

3. 判断题

（1）Photoshop中,双击图层调板中的背景层,并在弹出的对话框中输入图层名称,可把背景层转换为普通的图像图层。　　　　　　　　　　　　　　　　　(　　　)

（2）Photoshop中,魔棒工具可以 "用于所有图层"。　　　　　　　　(　　　)

（3）Photoshop中,图层调板上背景层是不能上下移动的,只能是最下面一层。(　　　)

（4）Photoshop中,所有层都可改变不透明度。　　　　　　　　　　　(　　　)

（5）Photoshop中,从打开的文件上可以看出文件的分辨率。　　　　　(　　　)

4. 简述题

背景图层不能应用图层样式,只有将其转换为普通图层后才能应用。怎样将背景图层转换为普通图层?

5. 操作题

请找一张本人的电子照片,用以上所讲的操作方法对照片进行美化,然后以小组为单位找出一张处理最佳的照片进行公开展示,通过对比,讲解原照片存在的问题以及处理的方法。

项目2 商品照片处理

项目综述

谁来买我的商品? 怎么吸引顾客? 在网络店铺里, 顾客触摸不到商品, 只能靠浏览商品的主副图来了解商品的样子。因此无论是在搜索页面还是店铺首页, 顾客对商品的第一印象都来自商品的主图。主图清晰、美观、卖点突出、符合顾客心理预想, 才能引起顾客的购买欲望, 使得顾客点击主图进入商品详情页。点击率是店铺的重要数据。如果主副图质量低, 顾客在搜索时, 要么直接忽略该页面, 要么只是浏览一下店铺首页就跳转到其他店铺。因此, 制作出高质量的主副图, 可提升商品的点击率。

项目目标

学习完本项目后, 你将能够:

知识目标

- 知道商品主副图的尺寸版面要求。
- 知道商品照片背景的处理方法和步骤。
- 知道商品图片美化的主要方法。

能力目标

- 掌握商品图片中主副图的挑选方法, 能够在5张图片以内全面展示商品卖点。
- 掌握商品图片背景优化方法, 能够根据图片又快又好地抠选商品。
- 掌握美化商品图片的方法, 能够调整商品色差。
- 掌握主图模板制作方法, 能有效突出商品卖点。

素养目标

- 培养细致耐心的工作态度。
- 培养基本审美意识和审美观。
- 培养学生学思结合、知行统一、勇于探索的精神。
- 培养学生法律意识, 正确使用营销宣传用语。

项目思维导图

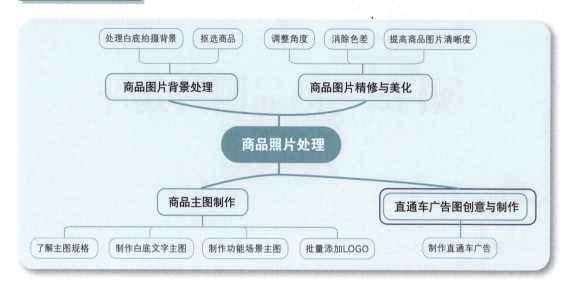

任务1 商品图片背景处理

情境设计

一幅好的商品图，一定要突出商品的优点、卖点。商品图片的背景越简单效果越好。在网店中，常用白色背景商品图作为主图，也就是我们常说的白底图。即使不是白底图，一般也是纯色背景。本任务通过对两类常见拍摄图进行背景处理，介绍制作白底图的常用方法。

任务分解

为了能够突显商品，很多网店都上传白底的主副图，摄影师在拍摄的时候要照顾商品主体曝光，很多时候背景就会存在曝光不足或者曝光不均匀的问题。如果问题不严重，可以单独选出背景调整曝光；如果问题严重，就需要抠选出商品图并更换白色背景。

活动1 处理白底拍摄背景

活动背景

如图2.1.1所示的T恤照片图，在拍摄时，使用的是白色背景布，但由于灯光的原因，白色背景不是纯白色，成为灰色背景，而且背景左右明暗度也不一致，同时还造成了T恤的色差。

处理白底拍
摄背景

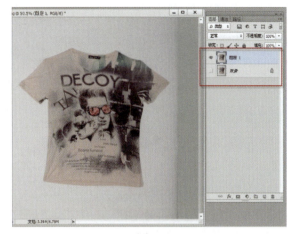

图2.1.1　　　　　　　　　　　　　　　　　图2.1.2

活动实施

①在Photoshop里打开素材"电子素材/项目2/素材1.jpg"，按Ctrl+J快捷键复制背景图层。把背景图层可视隐藏，如图2.1.2所示。

②选择菜单"图层"→"调整"→"色阶"，如图2.1.3所示，或者按Ctrl+L快捷键调出色阶对话框，选择"在图像中取样以设置白场"工具，如图2.1.4所示。

③用吸管工具在图片横向的1/3左右单击，取样设置为白场，效果如图2.1.5所示。这个步骤是还原拍摄时的白色背景，同时也调整了T恤由于白平衡误差而导致的色差。

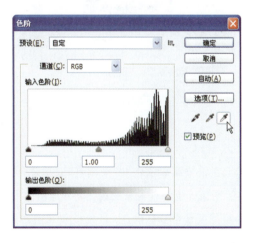

图2.1.3　　　　　　　　　　　　　　　　　图2.1.4

④设置前景色为白色（R：255，G：255，B：255），使用画笔工具，设置画笔大小为40像素，硬度70%，不透明度60%，流量60%。沿着T恤的左边边缘涂画出白色边线，如图2.1.6所示。

⑤变换设置画笔参数。设置画笔大小为100，硬度100%，不透明度100%，流量100%。把背景的剩余灰色部分全部涂画为白色，如图2.1.7所示。保存图片即完成白底图制作。

要点提示

①在步骤③中，可以多次取样，以求取最佳效果。

②在步骤④中，把图像放大几倍再仔细涂画，可以图画出白色边线而又不把T恤涂抹掉。画笔的参数也可适当调整。

图2.1.5

图2.1.6

图2.1.7

知识窗

1.在进行商品图片的背景调整时，通常会复制原图图层用以备份。

2.图像产生偏色现象的原因之一是图像中黑白场定标不正确。黑场就是图像中最暗的点，白场就是图像中最亮的点。正确设置黑白场后，图像往往会产生让人眼前一亮的阶调层次变化，轻度的色偏也可以被校正。

3.色阶对话框右边有3支吸管，分别为"在图像中取样以设置黑场""在图像中取样以设置灰场"和"在图像中取样以设置白场"工具。使用它们也可以在图像中自定义黑白场，重新定义最暗颜色、最亮颜色，以及中间色调。色阶命令将根据这些设置，重新设置图像的色调。

活动2　抠选商品

活动背景

如图2.1.8所示是以白色布面作为背景的食品商品图片。可以看到商品的色彩是比较饱满的，但背景右暗左亮，比较杂乱。而且灰色显得包装较暗，不够突出。

抠选商品

活动实施

①在Photoshop CS6中打开"电子素材/项目2/素材2.jpg"，按Ctrl+J快捷键复制背景图层，再把背景图层可视隐藏；选择钢笔工具✐，描出纸盒边缘的闭合路径，如图2.1.9所示。

②按路径调板的"将路径作为选区载入"▦，或按Ctrl+Enter快捷键，将纸盒边缘路径转为选区，如图2.1.10所示。

③按Shift+Ctrl+I快捷键反向选择，如图2.1.11所示。

图2.1.8

图2.1.9

图2.1.10

图2.1.11

④按Del键，删除选区里的图案，如图2.1.12所示。按Ctrl+D快捷键，取消选区。

⑤新建图层，填充为白色（R：255，G：255，B：255）。把图层1下移到背景副本图层下面，如图2.1.13所示。白底背景商品图制作完成，效果如图2.1.14所示。

图2.1.12　　　　　　　　　图2.1.13　　　　　　　　　图2.1.14

要点提示

在利用钢笔工具进行抠选商品时，锚点位置应该在商品边缘以内。如果锚点位置在商品边缘以外，则会留有白边。

任务2　商品图片精修与美化

情境设计

通过上一个任务，我们制作出来的白底商品图片实现了突出商品的目的。如果商品清晰、美观，能够迎合顾客的心理期望，那么就能够吸引顾客单击图片继续了解商品信息，即获得高的点击率。因此，我们需要对白底商品图片中的商品进行精修和美化。

任务分解

精修商品图片要遵循先调整整体再调整细节的原则，首先需要调整商品构图，然后调整曝光和颜色，最后进行锐化，提高图片清晰度。

调整角度

图2.2.1

活动1　调整角度

活动背景

如图2.2.1所示的商品T恤由于拍摄时的角度问题在图片中左高右低，显得不够端正。

活动实施

①在Photoshop中打开"电子素材/项目2/素材3.jpg"。

②选择裁剪工具 ，参数设置如图2.2.2所示，裁剪效果如图2.2.3所示。

图2.2.2

③光标移到裁剪框右上角，待光标变为 ，如图2.2.4所示。旋转商品到合适角度，单击"提交当前裁剪操作"，如图2.2.5所示。效果如图2.2.6所示。

图2.2.3

图2.2.4

图2.2.5

要点提示

在进行裁剪时，要善于利用网格进行调整。

> **知识窗**
>
> 淘宝店铺里的商品主副图比例要求为1:1，也就是要求正方形的商品图片。

图2.2.6

活动2　消除色差

活动背景

在图2.2.7中，商品T恤色差对比度较差，图案层次不分明，而且左亮右暗，与商品实物有色差，同时显得商品不美观，不吸引人。

消除色差

活动实施

①选择魔术棒工具 ，设置容差为30，勾选消除锯齿和连续选项。在图片白色背景部位取样，如图2.2.8所示。

②按Shift+Ctrl+I快捷键选择反向，然后按Ctrl+J快捷键复制为新图层。图层调板显示如图2.2.9所示。

图2.2.7

图2.2.8

图2.2.9

图2.2.10

图2.2.11

③选择套索工具，如图2.2.10所示，设置羽化为30像素，勾选消除锯齿。选择T恤右上部较暗的部位，如图2.2.11所示。按Ctrl+L快捷键调出色阶对话框，设置如图2.2.12所示。调整后的效果如图2.2.13所示。

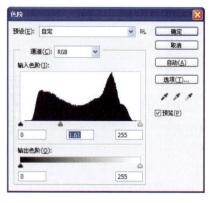

图2.2.12

图2.2.13

④按Ctrl+L快捷键调出色阶对话框，选择"在图像中取样以设置黑场"工具，如图2.2.14所示。在T恤中选择希望调整为最黑的部位取样。效果如图2.2.15所示。

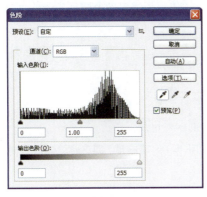

图2.2.14 图2.2.15

⑤选择加深工具 ，设置参数如图2.2.16所示，在T恤右上部的边缘进行精修，如图2.2.17所示，保存图片。T恤精修效果如图2.2.18所示。

图2.2.16

图2.2.17 图2.2.18

要点提示

在利用色阶调整图片的色差和色彩层次的时候，应对照商品实物进行。

知识窗

（1）在图像菜单的调整项目中有多种图像色彩、色调调整选项，适合不同场合使用。

①色阶，快捷键Ctrl+L：调整图像的明暗度。

②亮度/对比度，快捷键Ctrl+C：对图像的色调范围进行调整。

③色相/饱和度，快捷键Ctrl+U：主要调整整个图像或图像中单个颜色成分的色相、饱和度与亮度。

④曲线，快捷键Ctrl+M：不但可以调整图像的亮度，还可调整图像的对比度和控制色彩等。

⑤色彩平衡，快捷键Ctrl+B：调整图像的整体色彩平衡。

（2）在色差调整中主要是调整色调、色相、饱和度和对比度。

①色调：在各种图像色彩模式下图形原色（如RGB等）的明暗度，即亮度。色调有时也称为色阶，其范围一般为0~255，共计256种色调。

②色相：组成色彩的颜色。比如光由红、橙、黄、绿、青、蓝、紫等七色组成，每一种颜色就是一种色相。

③饱和度：图像颜色的彩度。饱和度是以百分比来计算的，当饱和度变为0时，图像就成了灰色图像。

④对比度：不同颜色之间的差异程度。对比度越大，两种颜色之间的反差越大。黑白两色差异最明显。

活动3　提高商品图片清晰度

活动背景

如图2.2.19所示商品T恤上的图案丰富，但拍摄出来却有点混杂，需要把清晰度调高一点，以吸引顾客。

图2.2.19

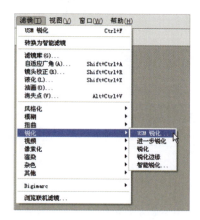

图2.2.20

活动实施

选择菜单"滤镜"→"锐化"→"USM锐化"，如图2.2.20所示，设置参数如图2.2.21所示，效果如图2.2.22所示。

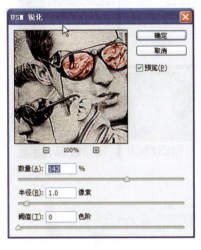

图2.2.21　　　　　　　　　　　　　　　图2.2.22

知识窗

USM滤镜用于调整图像边缘细节的对比度，并在边缘的每侧制作一条更亮或者更暗的线，以强调边缘和产生的模糊，对话框中的"数量"用来表示锐化的程度；"半径"表示边缘像素周围受影响的像素数目；"阈值"表示作为边缘像素的条件，即像素的色阶与周围区域相差多少以上才被滤镜看成边缘像素而加以锐化，该值为0时表示锐化所有像素。

任务3　商品主图制作

情境设计

如图2.3.1所示，这个售卖男士T恤的淘宝网店，使用黑色作为店铺背景，主图配合使用铁塔中心渐变灰黑色背景，形成了硬朗、潮酷的风格，符合商品的潜在目标顾客年轻男士的审美观，同时符合目标顾客的装扮心理预期。

如图2.3.2所示，主图中除了商品T恤外，还搭配了墨镜、杂志和手机，贴近目标顾客的生活状态或生活向往，并突出了商品潮流时尚的风格。

如图2.3.3所示，主图背景分为两部分加上T恤的倒影，通过细腻的立体感建立商品T恤的优质感。

图2.3.1

图2.3.2   图2.3.3

通过以上图例，我们可以看到，一幅高质量的主图能够很好地突出和完善店铺的风格；能够营造出目标顾客期望的使用效果画面；能够有效地提升商品质感，从而吸引顾客点击了解，进而达到销售的目的。在这个任务中我们将分步骤学习制作商品主图。

任务分解

商品主图有不同风格和类型，有白底图、带背景的图片、加LOGO和文案的图片。要根据平台要求、店铺的整体装修风格和营销活动要求来制作主图。

活动1   了解主图规格

活动背景

不同平台对商品主图的大小规格要求不同，需要登录平台查询图片发布规范，这样才能正确发布信息。

活动实施

①进入天猫首页，在右上角选择"商家支持"→"帮助中心"，单击进入，如图2.3.4所示。

②选择"商家帮助"→"店铺开通及基础管理"→"商品发布"，单击"商品发布"，再在页面中选择"天猫商品主图发布规范"，如图2.3.5所示。找到天猫对主图的要求，如图2.3.6所示。

图2.3.4

图2.3.5

图2.3.6

③对商品所属类目进行详细的了解。以服饰为例，选择"商家帮助"→"规则与违规举报"→"行业商品规则"，单击"行业商品规则"，再单击页面的"天猫行业标准"→"服饰行业"，如图2.3.7所示。

④在跳转的页面寻找关于商品图片的规范，如图2.3.8所示。

图2.3.7

图2.3.8

要点提示

要关注天猫的规则更改公告,实时跟进,制作出符合规则的主图。如果主图制作违反天猫规则,会出现商品不予发布的后果,影响后续的商品销售。

活动2   制作白底文字主图

活动背景

如图2.3.9所示,主图清爽,制作简单,使用文字突出商品卖点。

制作白底文字
主图

图2.3.9

活动实施

①用Photoshop打开素材"电子素材/项目2/T恤.jpg",单击菜单"图像"→"图像大小"或按Ctrl+Alt+I组合键,调出"图像大小"对话框,查看图像大小是否大于800像素×800像素,如图2.3.10所示。如果小于800像素×800像素,则可在图像菜单里调出"画布大小"对话框扩展画布,如图2.3.11所示。

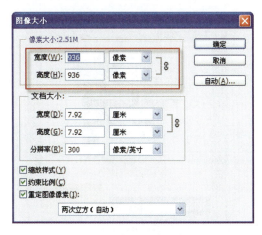

图2.3.10

图2.3.11

②按Ctrl+T快捷键,对T恤进行自由变换,设置如图2.3.12所示。

图2.3.12

③调整T恤到适当位置。新建图层,使用□矩形选框工具,高度为100像素,填充颜色为灰蓝色(R:0,G:47,B:100),效果如图2.3.13所示。

④新建图层,使用 多边形套索工具建立多边形,填充为橙黄色(R:247,G:211,B:9),位置如图2.3.14所示。

图2.3.13　　　　　　　　　　　　　图2.3.14

⑤使用 文字工具,输入文字"潮牌设计修身T恤",文字设置如图2.3.15所示。按 调出"切换字符和段落面板",调整文字位置,效果如图2.3.16所示。

图2.3.15　　　　　　　　　　　　　图2.3.16

⑥再输入文字"只售68元",切换字符和段落面板调整参数,效果如图2.3.17所示,保存文件。

图2.3.17

要点提示

主图里的文字字体不超过3种，颜色一般也不超过3种。

知识窗

安装字体步骤如下：

①单击"开始"→"控制面板"，如图2.3.18所示。调出"控制面板"，找到"字体"，如图2.3.19所示。

图2.3.18

图2.3.19

②如图2.3.20所示，双击"字体"调出字体文件夹，把字体文件复制到该文件夹，计算机即会自动安装字体。

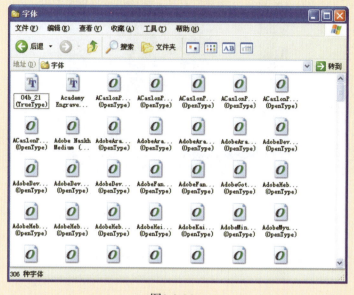

图2.3.20

活动3　制作功能场景主图

活动背景

如图2.3.21所示，主图背景立体感强、层次丰富，营造了潮酷风格，切合了目标顾客的心理需求。

制作功能场景主图

图2.3.21

活动实施

①打开"电子素材/项目2/素材T恤.psd"文件,新建图层,命名为黑条纹。选择  油漆桶工具,设置参数如图2.3.22所示,填充"灰色犊皮纸"图案。

图2.3.22

②按Ctrl+L快捷键,调出"色阶"对话框,设置参数如图2.3.23所示。把"黑条纹"图层下移一层,效果如图2.3.24所示。

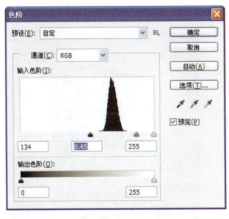

图2.3.23

图2.3.24

③新建图层,命名为"大白圈"。使用 椭圆选框工具,设置羽化:100像素,样式:固定大小,宽度:900像素,高度:900像素。建立选区,填充白色((R:255,G:255,B:255)。取消选区,把图层下移一层,效果如图2.3.25所示。

④新建图层,命名为"黑框"。使用 矩形选框工具,建立高100像素、等图像宽度的选区,填充黑色(R:0,G:0,B:0)。取消选区。新建图层,命名为"小白圈"。使用 椭圆选框工具,设置羽化:50像素,样式:固定大小,宽度:340像素,高度:210像素。建立选区,填充白色(R:255,G:255,B:255),如图2.3.26所示。取消选区。

⑤自由变换"小白圈"放大到适当大小,移动到黑框中间。调整图层顺序,效果如图2.3.27所示。

图2.3.25　　　　　　　　　　　图2.3.26

⑥复制T恤图层，命名为"倒影"。按Ctrl+T快捷键进行自由变换，右键选择"垂直翻转"。按V快捷键使用移动工具，下移倒影图案如图2.3.28所示。

图2.3.27　　　　　　　　　　　图2.3.28

⑦在"倒影"图层上添加蒙版，做黑白渐变，调整"倒影"图层不透明度为29%。制作完成时各个图层上下顺序如图2.3.29所示。主图完成效果如图2.3.30所示。

要点提示

①背景里依靠两个羽化的白圈来达到立体效果，这两个白圈的大小和羽化像素可以根据需要进行调整。

②一般是根据商品在店铺里的类别和定位，分别制作对应的背景模板，使用时加入商品即可。

图2.3.29

图2.3.30

活动4　批量添加LOGO

活动背景

如图2.3.31所示,我们看到每一张主图左上角都有店铺的LOGO,既宣传了店铺又在视觉上达到统一。一个店铺有这么多主图,一张一张添加店铺LOGO,费时费力。下面我们通过实例学习怎样批量添加LOGO。

批量添加
LOGO

图2.3.31

活动实施

①建立一个文件夹命名为"主图",把要添加LOGO的主图放入该文件夹。然后新建一个文件夹,命名为"已加LOGO主图",用于存放修改后的主图。找出一张需要添加LOGO的主图复制一份在"主图"文件夹外,如图2.3.32所示。注意:所有需要添加LOGO的主图必须尺寸一致。

②选择菜单:"窗口"→"动作",如图2.3.33所示。调出"动作"调板,单击"新建动作"按钮,如图2.3.34所示。

图2.3.32

图2.3.33   图2.3.34

③在"新建动作"对话框中命名新建动作为"加LOGO",如图2.3.35所示。单击"记录"按钮,则开始记录动作,如图2.3.36所示。红色圆按钮表示记录中。

图2.3.35   图2.3.36

④打开预先准备好的文件,通过操作"选区"→"填充前景色"→"建立文本"→"设置文本"→"移动"等步骤,在文件中绘制店铺LOGO,保存文件,如图2.3.37和图2.3.38所示。单击"停止"键停止录制动作。

⑤选择菜单"文件"→"自动"→"批处理",如图2.3.39所示。调出"批处理"对话框,设置如图2.3.40所示。

图2.3.37

图2.3.38

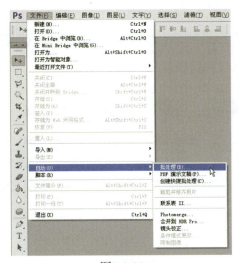

图2.3.39

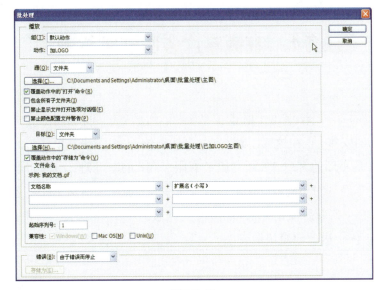

图2.3.40

Photoshop开始批处理，很快就处理完所有图片，几百张图片也只需要几分钟时间。对比图2.3.41和图2.3.42，每一张主图都添加了店铺LOGO。

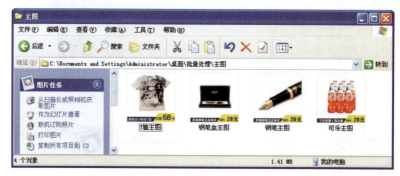

图2.3.41

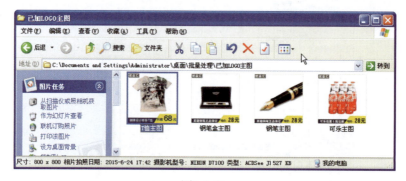

图2.3.42

要点提示

所有需要添加LOGO的主图必须尺寸一致。

任务4　直通车广告图创意与制作

情境设计

周五对公司的每一个人来说，既繁忙又轻松。到了下午，同事们都异常兴奋地各自谈论、计划着周末的安排。正在这时，设计室的电话铃响起来了，坐在电话旁的小邱赶忙拿起电话接听，原来是小邱的客户"太阳鸟服装有限公司"的李经理，小邱与他们公司有着长期的合作关系。李经理对小邱前一段的设计大加赞赏，现在又交给小邱一个紧急的设计任务，为公司推出的一款新品促销纯棉T恤做淘宝直通车广告，要求突出特价包邮。这类广告小邱已经得心应手了，因此他爽快地答应了。

任务分解

小邱之前已经帮"太阳鸟服装有限公司"做过很多关于网店的设计，对他们的风格要求已经有一定的把握。虽然小邱没有设计过直通车广告，但他对于这类广告看得很多。现在，小邱只需要把一些活动的关键内容理解透彻，将其运用在画面上，就可以开始设计了。

活动　制作直通车广告

活动背景

直通车是为淘宝卖家量身定制的，按点击付费的效果营销工具，实现商品的精准推广。那在众多的直通车广告中，你的直通车广告画面要怎么吸引客户去点击，这就是我们今天要学习的如何设计进行直通车广告创意。

直通车广告
创意

知识窗

1.商品直通车

如图2.4.1所示，在淘宝搜索的页面亮色部位则为直通车的展示处（淘宝搜索的右侧"掌柜热卖"），这就是商品直通车，这是针对单品所做的直通车。

图2.4.1

2.店铺直通车

如图2.4.2所示，亮色部位则为直通车的展示处（处于淘宝搜索右侧的"掌柜热卖"的下部"店家精选"），这是针对店铺做的直通车。

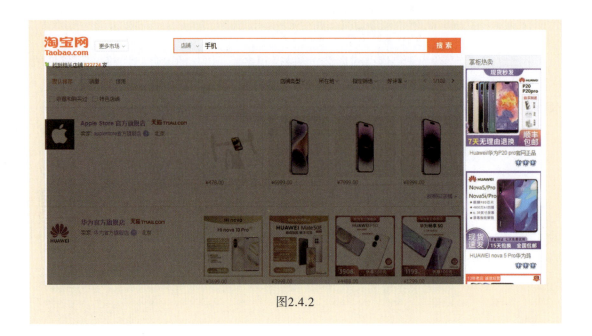

图2.4.2

活动实施

1. 任务分析

"太阳鸟服饰有限公司"是以经营时尚休闲男装为主的公司,这次推出的是一款新款的纯棉印花T恤。商品本身就有印花,因此底图画面不宜太复杂,简洁的底图更能突出商品本身。除了商品,重点需要突出价格优势,因此适合选用一些鲜明的色彩做底突出文字。

2. 材料准备

①合适的商品图片。

②广告语、广告词的运用。

先来看看最后的效果图,根据效果图我们来一步步完成画面中的要点,如图2.4.3所示。

图2.4.3

3. 设计直通车广告

①启动Photoshop程序,新建一个宽度为800像素,高度为800像素的图片文件(此尺寸为淘宝店的标准尺寸),如图2.4.4所示。

②导入图片素材。打开素材文件"电子素材/项目2/T恤.jpg",把图片中的T恤去底后再根据实物适当地调整图片的亮度跟色彩,让T恤接近实物的颜色,如图2.4.5所示;调整完后把去底的图片拖曳到新建的文件中。

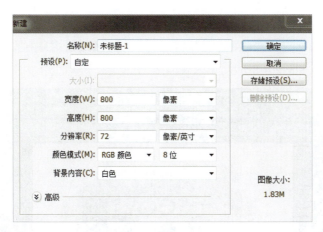

图2.4.4

图2.4.5

③给新建文件添加渐变底色。为了突出商品又不让底图看上去太单调,为底色添加一个由白色向浅灰色的径向渐变,如图2.4.6所示。

图2.4.6

④根据效果图制作红色边角图。新建一个图层,用矩形选框工具画一个长条形的方框,填充成红色到深红色的渐变色,如图2.4.7所示;复制该图层用自由变换适当调整其大小,放在左上角的位置,如图2.4.8所示。

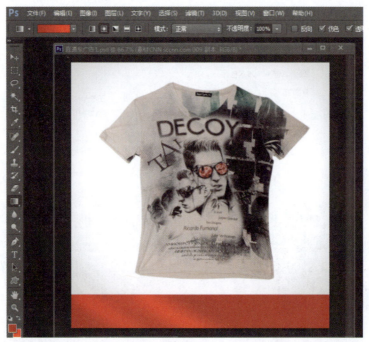

图2.4.7

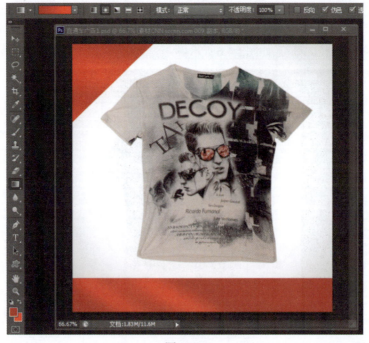

图2.4.8

同样用复制图层和自由变换制作右下角的菱形,调整位置后用曲线功能把红色的渐变色颜色加深,接着给该图层添加图层式样"投影",如图2.4.9所示;为了增加菱形的立体折叠的感觉,在菱形和下面红色长条形交接的位置再制作一个深红色的三角形,让整个图形看上去比较有整体感,如图2.4.10所示。

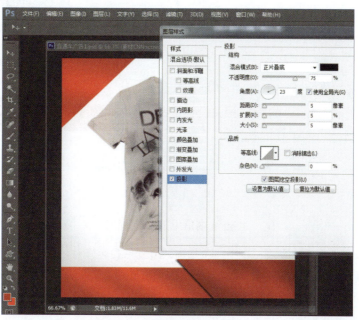

图2.4.9

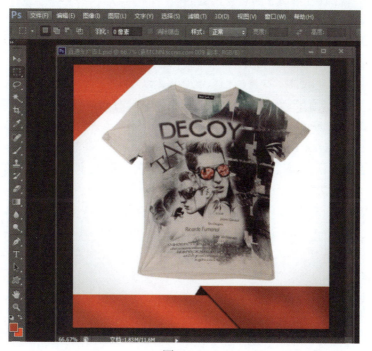

图2.4.10

⑤编辑文字。根据文字的数量、重要程度调整文字的字体大小和位置。如图2.4.11所示，首先重点突出了价格优势"79元"，采用了大而粗的字体；其次是"全国包邮"，字体的颜色选择了跟底色红色有很大色差的白色和黄色，既突出又不会觉得刺眼，最终达到很好的效果。

活动评价

虽然是周末加班完成的工作，但小邱此次任务完成得还比较顺利，在自己的淘宝相关设计中又增加了一个新的设计点，有了新的收获。

图2.4.11

思政小课堂

广告法中常见的违规用词

《中华人民共和国广告法》是2015年颁布，2021年最新修订的法律，主旨是防止企业经营进行虚假宣传或夸大产品效果，从而给用户造成经济损失。因此，网店在制作商品标题、主图、广告图、详情页、推文等商品信息的时候，除了制造卖点吸引消费者外，还需要注意避开一些广告法禁止的宣传用语。

第九条规定，广告不得有下列情形：使用或者变相使用中华人民共和国的国旗、国歌、国徽，军旗、军歌、军徽；使用或者变相使用国家机关、国家机关工作人员的名义或者形象；使用"国家级""最高级""最佳"等用语；损害国家的尊严或者利益，泄露国家秘密；妨碍社会安定，损害社会公共利益；危害人身、财产安全，泄露个人隐私；妨碍社会公共秩序或者违背社会良好风尚；含有淫秽、色情、赌博、迷信、恐怖、暴力的内容；含有民族、种族、宗教、性别歧视的内容；妨碍环境、自然资源或者文化遗产保护；法律、行政法规规定禁止的其他情形。

一、常见违规使用的极限用语

1.严禁使用国家级、世界级、最高级、第一、唯一、首个、首选、顶级、国家级产品、填补国内空白、独家、首家、最新、最先进、第一品牌、金牌、名牌、优秀、顶级、独家、全网销量第一、全球首发、全国首家、全网首发、世界领先、顶级工艺、王牌、销量冠军、第一（NO1\Top1）、极致、永久、王牌、掌门人、领袖品牌、独一无二、绝无仅有、史无前例、万能等。

2.严禁使用最高、最低、最、最具、最便宜、最新、最先进、最大程度、最新技术、最先进科学、最佳、最大、最好、最大、最新科学、最新技术、最先进加工工艺、最时尚、最受欢迎、最先等含义相同或近似的绝对化用语。

3.严禁使用绝对值、绝对、大牌、精确、超赚、领导品牌、领先上市、巨星、著名、奢侈、世界全国×大品牌之一等无法考证的词语。

4.严禁使用 100%、国际品质、高档、正品、国家级、世界级、最高级、最佳等虚假或无法判断真伪的夸张性表述词语。

二、违禁时限用语

限时须有具体时限，所有团购须标明具体活动日期，严禁使用随时结束、仅此一次、随时涨价、马上降价、最后一波等无法确定时限的词语。

三、违禁权威性词语

1.严禁使用国家×××领导人推荐、国家××机关推荐、国家××机关专供、特供等借国家、国家机关工作人员名称进行宣传的用语。

2.严禁使用质量免检、无须国家质量检测、免抽检等宣称质量无须检测的用语。

3.严禁使用人民币图样（央行批准的除外）。

4.严禁使用老字号、中国驰名商标、特供等词语。

项目检测

1. 单选题

（1）在色阶调板上，"在图像中取样以设置白场"是以下哪个图标？（   ）

A.   B.   C.

（2）"Ctrl+Enter"快捷键有什么作用？（   ）

A. 复制图层   B. 路径转化为选区

C. 选区转化为路径   D. 选择反向

（3）"Shfit+Ctrl+I"组合键有什么作用？（   ）

A. 复制图层   B. 路径转化为选区

C. 选区转化为路径   D. 选择反向

2. 多选题

（1）以下选项哪些可以用来调整色差？（   ）

A. 色阶   B. 曲线

C. 色相/饱和度   D. 色彩平衡

（2）"Ctrl+L"是以下哪个项目的快捷键？（   ）

A. 色阶   B. 曲线

C. 色相/饱和度   D. 色彩平衡

3. 判断题

（1）主图可以为手绘图。   （   ）

（2）主图必须为白底，可以展示反面实物图。   （   ）

（3）主图应该打上店铺水印。   （   ）

（4）主图可以包含秒杀、限时折扣、包邮、×折、满×送×等文字，以此来吸引顾客。

（　　）

（5）商标所有人可将品牌LOGO放置于主图左上角，大小为主图的1/10。　（　　）

4. 操作题

（1）请把"电子素材/项目2/练习/练习2.1.jpg和练习2.2.jpg"处理为白底商品图片。

练习2.1　　　　　　　　　　　　　练习2.2

（2）请使用钢笔工具抠选商品，把"电子素材/项目2/练习/练习2.3.jpg和练习2.4.jpg"处理为白底商品图片。

练习2.3　　　　　　　　　　　　　练习2.4

（3）请使用色阶、色相/饱和度、曲线、加深、减淡等把"电子素材/项目2/练习/练习2.5.jpg"调整如图练习2.6所示效果。

练习2.5　　　　　　　　　　　　　练习2.6

（4）参考以下案例，利用"电子素材/项目2/练习/练习2.7.jpg"区分3款主图。

练习2.7

案例1

案例2

案例3

（5）自选一款商品，设计一幅直通车广告，要求：

①尺寸：800像素×800像素，分辨率：72像素/英寸；

②风格形式不限，但要注意所选的商品画面风格要统一；

③注意色彩搭配的合理性；画面内容主次要分明。

www.🛒.com

项目3　网上店铺装修

项目综述

　　店铺装修,是个人设计的艺术体现,也是店铺经营的一种手段。如能将店铺装修得符合商品特色、吸引顾客眼光,商品交易量就会不断提升,因此,加强店铺装修是做好网店运营的重要条件。淘宝的店铺风格非常丰富,有简洁清爽的,也有鲜艳瑰丽的。不同风格的店铺装修,表现出不同的商品特质。确定店铺装修风格、配色方案之后,就要进行店铺首页的装修了。店铺首页装修,分为基础模块和添加模块装修。基础模块包括店铺招牌、导航栏、搜索栏、宝贝分类、友情链接、自定义内容区、掌柜推荐宝贝、宝贝推广区。

项目目标

学习完本项目后,你将能够:

知识目标

- 认识店铺的布局。
- 了解店铺风格。
- 掌握不同网店装修配色、排版知识。

能力目标

- 能够制作店招。
- 能够根据店铺风格和商品制作商品分类栏、自定义内容区、掌柜推荐商品区、推广区。
- 学会图片的切割与优化。

素养目标

- 培养学生的审美能力,了解中国传统图案纹样及寓意。
- 倡导网络文明,自觉抵制低俗营销。
- 遵守道德规范,自觉抵制不良信息,注意保护信息隐私。

项目思维导图

任务1 店招设计

情境设计

一天，小张约小林在公司楼下的咖啡厅见面，到了那里才知道，小张的老板王总也在。点完咖啡以后，王总从他的手提袋里拿出一个精美的包装盒，上面印有"英雄"的LOGO，打开一看是一支精致的钢笔。原来这次王总想找小林为公司"HERO英雄旗舰店"网店做一个店招设计。

小张所在的英雄集团有限公司是主营高端钢笔的贸易公司，店招的设计需要体现品牌的特征，销售的商品，整体感觉简洁稳重。搞清楚这些以后，小林跟王总约定3天后将初稿完成并传给王总。这是小林为公司拉到的第一份业务，心里特别高兴，马上回去开始准备设计。

任务分解

小林一直在广告公司做平面设计，虽然做过很多不同类型的设计，但对网店的相关设计还是第一次，还好平时自己也经常逛网店，对网店的相关设计也有一些了解，因此小林对这次的设计还是充满了信心。为了把握准确，动手设计前小林需要对关于店招的一些相关的注意事项作相应的了解，于是开始在网上搜索相关资料着手设计。

活动 "HERO英雄旗舰店"店招设计

活动背景

这次网店的店招设计要求是以品牌宣传为主的类型，突出品牌主题和经营内容。网店店招是给买家的第一印象，因此要突显网店的名称、品牌、商标LOGO。另外，招牌的显眼位置要明示经营商品的种类等，内容一般体现为3个方面：

设计店招

①招牌名字或商标；②经营商品类型等；③特殊情况下写一些放假通知和促销通知。

知识窗

店招的类型

网店的店招设计根据需求不同,大致可以分为3种形式:

1.以品牌宣传为主的类型

这种店铺一般都有雄厚的实力,有给力的商品,或者是想把店铺里面的商品打造成为自己的一个品牌。在做设计的时候主要突出的就是商品的品牌形象,要想好一个店铺名称,设计一个符合品牌形象的LOGO,选择适合品牌定位的色调,具有代表性的商品等,如图3.1.1所示。

图3.1.1

2.以商品推广为主的店铺

这种类型的店铺是为了增加店铺主推商品的销量,会在店招上放上两三款主推商品,在旁边标注价格,起到一个推广的效果。买家进入店铺的第一眼会看到店招上的商品,很多买家都会被这些商品吸引,如图3.1.2所示。

图3.1.2

3.以活动促销为主的店铺

这种店铺主要是为了销量,因此在店招设计上要展现出更多的活动内容,在店招里面放上重要的促销信息,店招的风格要根据活动的主题来设定,营造出一个活动氛围。可以在店招上适当地加入一些优惠券领取的按钮,如图3.1.3所示。

图3.1.3

活动实施

1. 任务分析

（1）"HERO英雄旗舰店"是以经营高端钢笔为主的网店，这就决定了风格要高端大气。

（2）用色上，客户没有特殊要求，那么可以不用局限于某种套色，但要注意色彩与风格的整体性。

（3）钢笔的消费群大多是时尚商务人士或者知识分子，因此在设计的时候要考虑符合消费对象的审美要求。

2. 材料准备

①品牌的LOGO。

②适合的商品图片。

③底图的选择。

④广告语等。

3. 设计店招

（1）启动Photoshop程序，新建一个宽度为950像素、高度为150像素的图片文件（此尺寸为淘宝店的标准尺寸），如图3.1.4所示。

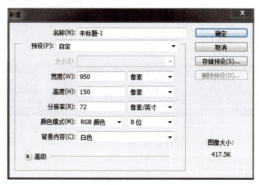

图3.1.4

（2）导入素材图片。打开素材文件"电子素材/项目3/花纹.jpg""英雄LOGO.psd""钢笔.psd"，将素材图片放置到新建文件中，适当调整大小和位置，如图3.1.5所示。

（3）编辑文字内容。把店铺完整的名称、广告语都输入页面，如图3.1.6所示。对文字的编辑应考虑以下几个方面。

①文字与背景颜色对比鲜明。

②店铺的名称尽量用粗字体。粗字体给人安全、厚重、可信赖的感觉，也会让店铺名称更加突出。

③品牌和商品两个信息的传达要明确。

（4）合理排版。根据内容适当调整文字、图形的大小和位置，把重要的内容调整到最大，放置在画面最显眼的位置，如图3.1.7所示。

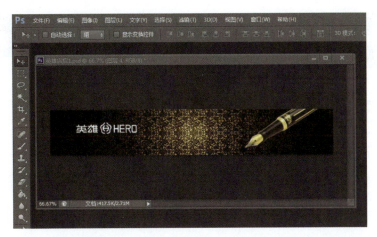

图3.1.5

图3.1.6

图3.1.7

（5）色彩、细节的处理。为了让文字更加突出，给文字添加描边、渐变叠加和外发光的图层样式，如图3.1.8、图3.1.9所示，给钢笔图层添加外发光的图层样式，如图3.1.10所示。

（6）保存图片。图片完成后，建议先保存psd的分层图，便于以后调整修改；最后拼合所有图层保存jpg图，如图3.1.10所示。

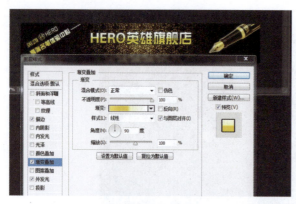

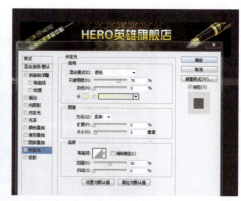

图3.1.8   图3.1.9

图3.1.10

活动评价

这次的设计内容让小林的业务范围扩大了。通过这次的设计工作，小林对网店的相关设计有了新的认识。虽然自己感觉已经抓住了店招设计的要素，但终究是第一次做此类设计，客户也是第一次接触，给客户传完设计稿，小林心里有些忐忑。

任务2   广告设计制作

情境设计

异食客电子商务有限责任公司是一家经营进口食品的公司，在淘宝C店出售各种糖果、薯片、饮料等进口食品，公司有自己的团队独立运作。

星期二一大早，设计师小黄刚把计算机打开，就接到内线电话："小黄，你到我办公室来一下，今天有个新任务交给你。"小黄赶紧走到经理办公室。原来是昨天商品部进了一批新包装的可口可乐，让小黄今天内完成一个针对这款商品的广告设计。

任务分解

小黄是本公司的员工，对公司的业务非常熟悉，这类针对单品的广告，主要是根据商品本身的特征来进行构思设计，因为是在公司统一的网站进行销售，所以还必须加上一些公司的元素。分析完这些，小黄开始收集资料准备设计。

活动　设计制作广告

活动背景

广告设计是指从创意到制作的中间过程。广告设计是广告的主题、创意、文字、图像、色彩等要素构成的组合安排。广告设计的最终目的就是通过广告来吸引消费者眼球。一个成功的平面广告在画面上应该有非常强的吸引力,色彩运用合理,图片选择准确。一个成功的广告是通过简单明了的信息内容准确传递利益要点。广告信息内容要能够融合消费者的需求点、利益点等。

设计制作广告

> **知识窗**
>
> ### 广告设计分类
>
> 根据广告的目的,广告大致可分为4种类型:
>
> 1.促销广告
>
> 大多数广告属于此类型,主要目的是传达所销售的有关信息,吸引消费者前来购买。
>
> 2.形象广告
>
> 以树立商品、品牌形象并给人留下整体、长久印象为广告目的。
>
> 3.观念创意广告
>
> 以倡导某种生活态度或者某一个相同点的概念画面来宣传商品或品牌为广告目的。
>
> 4.公关广告
>
> 通常以软性广告的形式出现,如在大众媒介上发布的入伙、联谊通知,各类祝贺词、答谢词等。

活动实施

1. 任务分析

(1)异食客电子商务有限公司是以经营进口食品为主的网店,网店商品的风格多样化,因此在设计上应重点考虑商品本身的特征。

(2)用色上,可以采用红色,也是取自商品包装的颜色,同时红色本身的视觉冲击力也较强。

(3)元素上,除了商品,还可以运用一些商品包装中的流线型、圆形,这样画面会比较和谐统一。

(4)根据商品的特性撰写广告语。

2. 材料准备

（1）适合的素材。

（2）适合的商品图片。

（3）广告语等。

先来看看如图3.2.1所示的效果图。根据效果图，我们来一步步完成画面中的要点。

图3.2.1

3. 设计制作广告

（1）修图。

启动Photoshop程序，打开素材文件"电子素材/项目3/好醇.jpg"，照片拍摄的时候采用的白色底图，为了不受到色彩的限制，首先用钢笔工具把纸盒边缘勾画出来，然后复制勾画出来的画面；再根据实物适当地调整图片的亮度与色彩的饱和度，以及处理一些杂质斑点等，让蛋糕的颜色看起来干净鲜艳，更接近实物的颜色，如图3.2.2所示，保存成psd图方便使用。

图3.2.2

（2）新建文件。

新建一个宽度为950像素、高度为400像素的图片文件（淘宝广告的正常尺寸：首页宽度950像素，高度可以根据自己页面的需求来设定，全屏广告图宽度为1 920像素，高度不限），如图3.2.3所示。

图3.2.3

（3）填充渐变底色。

新建图层1，采用与好醇包装相接近的巧克力渐变底色，让整个画面跟商品结合起来；从黄色到褐的径向渐变，如图3.2.4所示。

图3.2.4

（4）绘制色带。

新建图层2，用钢笔画出流线型的线条并填充成白色，如图3.2.5所示，让图层2复制一层，填充褐色，再用自由变换适当调整位置，让白色、褐色2个图层有一个流线型的交错感，如图3.2.6所示。

图3.2.5

图3.2.6

（5）绘制文字底图。

新建图层3，用选择自定义形状工具建立一个圆形图案并填充为红色；为了使红色圆形看上去比较有立体感，给它添加"图层样式"→"斜面和浮雕"效果，具体如图3.2.7所示。

（6）导入图片素材。

把"电子素材/项目3/好醇.jpg"导入文件中，调整图片大小，在红色圆形按钮中添加文字"巧克力味蛋糕"，如图3.2.8所示。

（7）编辑广告文字。

根据文字的数量、重要程度调整文字的字体大小位置，适当地调整文字方向，让画面看上去比较协调，如图3.2.9所示。

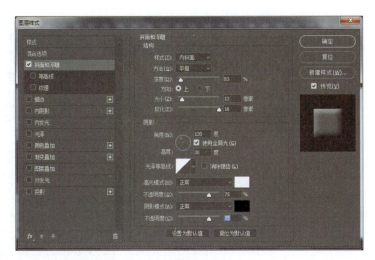

图3.2.7

图3.2.8

图3.2.9

（8）添加白色雪花点。

画面到这里基本完成，但整个红色的感觉缺少一点冰爽的感觉，因此，最后我们再给画面加一点白色的雪花来让画面细节更完美。

在图层4前面新建图层6，选择画笔工具，调出画笔面板设置画笔笔尖形状，如图3.2.10所示；形状动态如图3.2.11所示；散布如图3.2.12所示的参数，根据画面的布局制作白色雪花达到最终的画面效果，如图3.2.13所示。

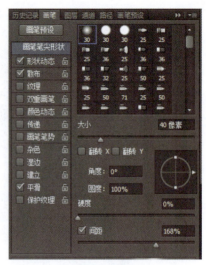

图3.2.10

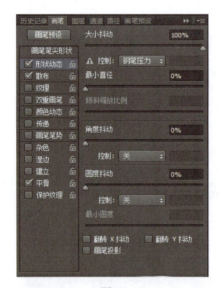

图3.2.11

图3.2.12

图3.2.13

活动评价

由于小黄对业务熟悉，做事条理清晰，因此设计很快就完成了。能做到这样是因为小黄一步步的积累，平时下足功夫到用的时候才会得心应手。

任务3　促销模板设计

情境设计

名人服饰有限公司位于我国广东省珠江三角洲地区，拥有独立的服装加工厂及设计中心。公司是一家集合研发、制造、营销、文化为一体的大型生产销售服饰企业，同时与众多服饰品牌建立了全面深入的合作关系。名人服饰有限公司集电子商务企划、电子商务外包、电子商务咨询培训、市场定位研究、广告推广代理、发布于一体的专业电子商务运营商。刚刚从中职电子商务专业毕业的学生小吴通过面试应聘了美工岗位，小吴接到的任务是为公司的电子商务网站设计一个促销模板。

任务分解

小吴之前在学校只学习了基本的网店美工技巧，大部分知识都是按照教科书上操作指示完成，缺乏实际的工作经验，现在需要独立完成商品促销模板的制作，小吴不知道该如何下手，他通过网络搜索到一些电子商务网站设计成功的模板，再结合名人服饰有限公司电子商务网站的风格，开始设计本公司的促销模板。

活动　促销模板的设计与制作

活动背景

重复强化对记忆和理解都是十分重要的，制作模板就是保证展示、陈列始终保持一个特有的风格，在视觉传达时作用就更加有效。

设计促销
模板

活动实施

①在Photoshop中执行"文件"→"新建"命令，宽度：720像素，高度：310像素，单击"确定"按钮。

②使用圆角矩形工具画出圆角矩形1，参数设置如图3.3.1所示。

③双击图层缩览图，如图3.3.2所示。

④打开拾色器，设置为白色，单击"确定"，如图3.3.3所示。

图3.3.1

图3.3.2

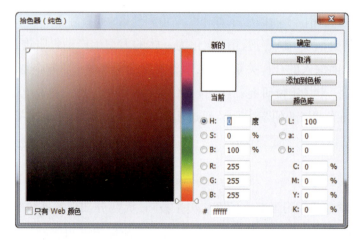

图3.3.3

⑤在右侧圆角矩形1图层上单击右键打开"混合选项"，弹出"图层样式"对话框，在该对话框中勾选"描边"并设置参数，"大小"设置为1像素，"位置"设置为居中，"混合模式"设置为正常，"颜色"设置为140eff，如图3.3.4所示。

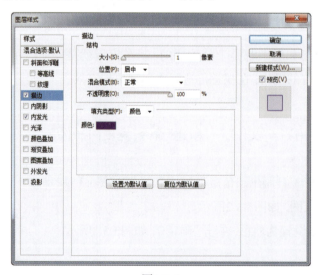

图3.3.4

⑥在"图层样式"对话框中勾选"内发光"并设置参数，如图3.3.5所示。

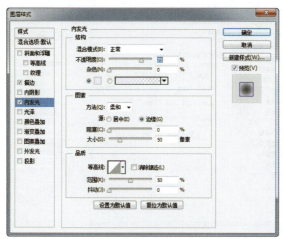

图3.3.5

⑦单击"确定"完成，效果如图3.3.6所示。

⑧使用圆角矩形工具画出圆角矩形2，参数设置如图3.3.37所示。

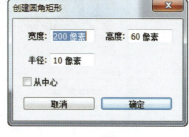

图3.3.6　　　　　　　　　　　　　　　图3.3.7

⑨在右侧圆角矩形2图层上单击右键打开"混合选项"，弹出"图层样式"对话框，在该对话框中勾选"描边"并设置参数，"大小"设置为1像素，"位置"设置为居中，"混合模式"设置为正常，"颜色"设置为0c0ce3，如图3.3.8所示。

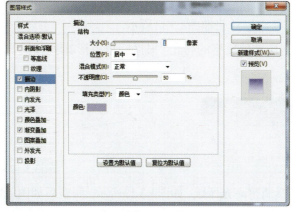

图3.3.8

⑩在"图层样式"对话框中勾选"渐变叠加"并设置参数，如图3.3.9所示。

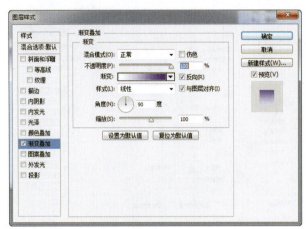

图3.3.9

⑪在渐变选项处双击，打开"渐变编辑器"，设置颜色，如图3.3.10所示。

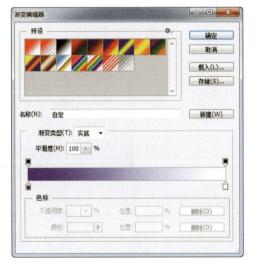

图3.3.10

⑫单击"确定"按钮之后效果如图3.3.11所示。

⑬创建新图层，制作玻璃质感的高光。根据圆角矩形2使用钢笔工具绘制高光区域，如图3.3.12所示。

图3.3.11

图3.3.12

⑭使用转换点工具调整高光区域，如图3.3.13所示。调整后如图3.3.14所示。

图3.3.13	图3.3.14

⑮使用钢笔工具完成图形后用快捷键Ctrl+Enter将钢笔工具画出的路径转换为选区,并执行"编辑"→"填充"命令,将选区内填充为白色。填充后将选区去掉(快捷键Ctrl+ D)。

⑯修改该图层的"不透明度"为30%,完成效果如图3.3.15所示。

⑰商品展示区域使用圆角矩形工具绘制圆角矩形3,参数如图3.3.16所示。

图3.3.15	图3.3.16

⑱在右侧圆角矩形3图层上单击右键打开"混合选项",弹出"图层样式"对话框,在该对话框中勾选"描边"并设置参数,"大小"设置为1像素,"位置"设置为居中,"混合模式"设置为正常,"颜色"设置为9095fb,如图3.3.17所示。

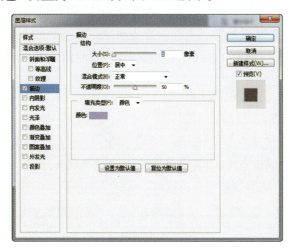

图3.3.17

⑲使用文字工具添加文字并设置颜色,导入"电子素材/项目3/商品图片1.jpg",完成效果如图3.3.18所示。

⑳使用复制图层的方式完成促销模板的制作,效果如图3.3.19所示。

图3.3.18   图3.3.19

要点提示

促销模板的作用是什么？

目前网络上各种商品的信息大多数以多媒体的方式呈现出来，只是由文字介绍堆砌的页面很难引起买家的兴趣。只有风格独特、图文并茂的商品页面，才体现卖家的专业，才有打动顾客的可能。

促销模板就是针对淘宝店铺所开发的装饰模板素材等，把店铺装扮得更加专业大方美观，能够增加客户的购买欲。

促销模板是对网店打折、团购、秒杀等各种促销活动的商品进行展示的地方，一般放在网店公告栏下方。促销模板是网店主要的宣传对象，把自己主打的商品或者现阶段要做活动的商品进行有力的展示和推广宣传，直接面向用户，使用户更方便进入商品页面进行选择和购买。

知识窗

制作促销模板的方法基本上有3种。

第一种方法是通过网络下载一些免费模板素材，并进行修改，在模板上加入自己店铺的商品信息和促销公告内容，最后将修改后的模板应用到店铺装修即可。这种方法简单方便、操作快捷，而且完全免费，缺点是在图片设计上有所限制，个性化不足。在使用网络上的图片素材制作装修模板时要特别注意图片的版权问题，尽量避免使用带有公司LOGO或者公司商品信息的图片素材。

第二种方法是自己设计商品促销模板。可以先使用图像制作软件（如Photoshop）设计商品促销模板，然后对模板进行切片处理，保存为网页格式。通过网页制作软件（如Dreamweaver）制作排版，最后将网页的代码复制粘贴到店铺的商品促销区上即可。这种方法是卖家自行设计，因此方式更加灵活，形式更加多样化，表现出来的效果也很好。在设计上可以随心所欲，可以根据自己销售的商品设计出风格独特的促销模板。由卖家自己来设计模板，对卖家的软件操作能力和设计能力要求比较高，需要掌握一定的图像设计和网页制作技能。

第三种方法是购买模板。卖家可以从提供淘宝店铺装修服务的店铺购买整店装修模板，或者单独购买商品设计服务。目前淘宝网上有很多专门提供店铺装修服务和出售店铺装修模板的店铺，卖家可以购买这些装修服务。

任务4　通栏列表制作

情境设计

女人花服饰有限公司位于我国广东省珠江三角洲地区，是一家以女性服装为主的加工厂及设计中心。女人花服饰有限公司经过几年的发展慢慢转变为集合研发、制造、营销、文化为一体的大型生产销售服饰企业。女人花服饰有限公司把握市场规律，针对不同季节不同年龄的女性定期更新服装款式。从中职电子商务专业毕业的学生小孙在该公司实习了一段时间，已经掌握了一些基本的设计技能，小孙接到的任务是为公司的电子商务网站设计一个通栏广告。

任务分解

小孙在女人花服饰有限公司学习了基本的网店美工技巧，通过实习的这段时间接触到了很多优秀的设计案例，但缺乏实际的设计制作经验，现在需要独立完成通栏广告的制作。小孙虚心向他人请教，通过网络搜索到一些通栏广告的设计案例，再结合女人花服饰有限公司电子商务网站的风格，开始设计本公司的通栏广告。

活动　制作通栏广告

活动背景

广告的作用就是把商品或品牌的特点、属性运用艺术手段和设计技巧等形象化的语言，完整地呈现在顾客眼前，帮顾客形成一个整体印象，使之对产品或品牌、店铺产生兴趣、偏爱和信任。

通栏列表制作

活动实施

①执行"文件"→"新建"命令，宽度：950像素，高度：150像素，单击"确定"按钮，如图3.4.1所示。

②新建图层，使用填充为白色，在右侧图层1上单击右键打开"混合选项"，弹出"图层样式"对话框，在该对话框中勾选"渐变叠加"并设置参数，如图3.4.2所示。

③双击"渐变"区域，打开"渐变编辑器"，如图3.4.3所示。

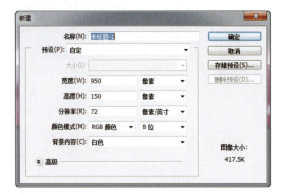

图3.4.1

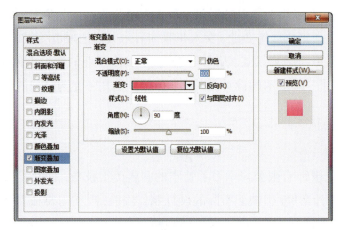

图3.4.2

图3.4.3

④双击左侧色标，打开"拾色器"，设置颜色为# ff2d82；双击右侧色标，打开"拾色器"，设置颜色为# fcb8d4，单击"确定"之后，通栏广告的背景制作完成，如图3.4.4所示。

图3.4.4

⑤打开"自定形状工具"，如图3.4.5所示。

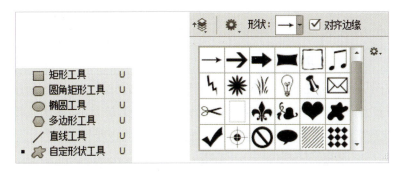

图3.4.5

⑥单击右侧图标，在弹出选项中选择"全部"，加载全部形状，如图3.4.6所示。

⑦选中花的图形，并在场景中单击创建图形，如图3.4.7所示。

⑧设置图形大小，参数如图3.4.8所示。

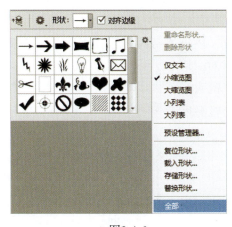

图3.4.7

图3.4.6　　　　　　图3.4.8

⑨完成效果如图3.4.9所示。

⑩在右侧形状2图层上单击右键打开"混合选项"，弹出"图层样式"对话框，在该对话框中勾选"颜色叠加"，并设置颜色参数为# ff3e8c，如图3.4.10所示。

图3.4.9

⑪在右侧形状2图层上单击右键，在弹出菜单中选择"栅格化图层"，并设置形状2图层为"柔光"，如图3.4.11所示。

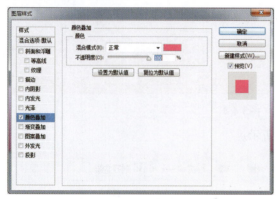 

图3.4.10 图3.4.11

⑫在形状2图层上单击右键，在弹出菜单中选择"复制图层"，并修改新图层"不透明度"为60%，执行"编辑"菜单→"自由变换"命令，调整新图形的大小。多次重复以上步骤，将新生成的形状设置为不同大小、不同透明度，效果如图3.4.12所示。

图3.4.12

⑬新建图层，设置图层"不透明度"为50%，执行"编辑"→"填充"命令，填充颜色设置为#fc3686。执行"滤镜"→"渲染"→"镜头光晕"命令，在"镜头光晕"对话框中设置光源位置在图片左上角，设置亮度为150%，设置镜头类型为50~300毫米变焦（Z），如图3.4.13所示。

⑭设置完成后效果如图3.4.14所示。

⑮新建图层3，设置图层3"不透明度"为60%，在图片左上角使用"矩形选框工具"创建矩形选框，执行"编辑"→"填充"，颜色值为# fc3686。执行"编辑"→"变换"→"斜切"命令，移动右下角控制点，完成后效果如图3.4.15所示。

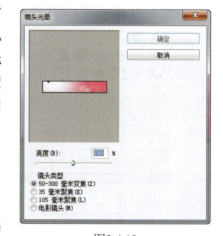

图3.4.13

图3.4.14

⑯使用文字工具添加服装品牌名称"女人花"，设置字体为"方正粗圆简体"，大小为36点，颜色为白色。在右侧"女人花"文字图层上单击右键打开"混合选项"，弹出"图层样式"对话框，在该对话框中勾选"投影"，并设置阴影颜色参数为#880037，如图3.4.16所示。

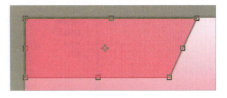

图3.4.15

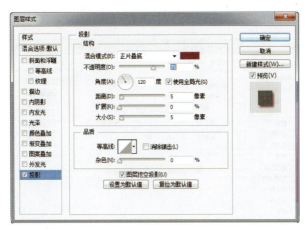

图3.4.16

⑰完成后效果如图3.4.17所示。

⑱使用文字工具添加广告语"创魅力传奇 炫时尚风彩"，设置字体为"方正粗倩简体"，大小为48点，颜色为白色。在右侧"创魅力传奇 炫时尚风彩"文字图层上单击右键打开"混合选项"，弹出"图层样式"对话框，在该对话框中勾选"内发光"，设置各项参数如图3.4.18所示。

图3.4.17

⑲在该对话框中勾选"渐变叠加"，设置各项参数如图3.4.19所示。

⑳双击渐变颜色区域打开"渐变编辑器"，在"渐变编辑器"中设置3个色标的颜色值，从左向右分别为：# f592dd、# fb00bd、# fa6fad，如图3.4.20所示。

㉑在该对话框中勾选"投影"，设置各项参数如图3.4.21所示。

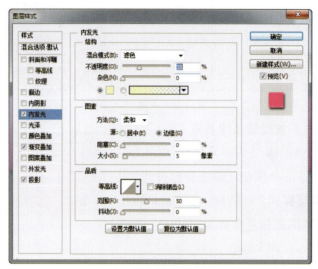

图3.4.18

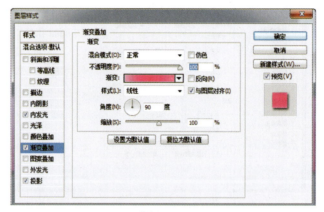

图3.4.19

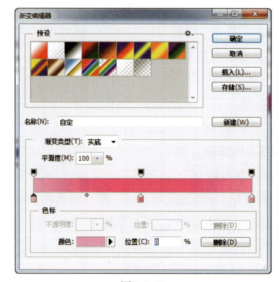

图3.4.20

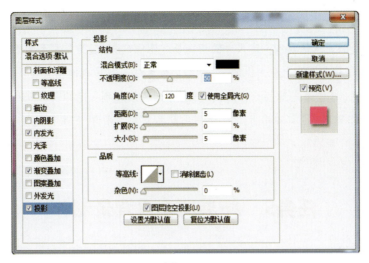

图3.4.21

㉒完成后效果如图3.4.22所示。

图3.4.22

㉓使用文字工具添加广告语"全场5折",设置字体为"方正粗倩简体",大小为20点,颜色为白色,完成后效果如图3.4.23所示。

图3.4.23

要点提示

这则通栏广告是一个女性服装商品的促销广告,因此在颜色上选用了有强烈女性意味的粉色和紫色来突出广告所针对的人群。粉色背景和紫色文字内容搭配在一起非常协调。左边"女人花"文字采用了立体阴影进行装饰,视觉效果突出明显。中间紫色的广告语简单明了,主题突出。背景加入了翩翩起舞的蝴蝶图案,体现了女性的唯美,使整体画面更加具有动感。

> **知识窗**
>
> 　　通栏广告是指正式的具有一定尺寸的横向长式图像广告，以横贯页面的形式出现，广告尺寸大，目前的电子商务网站上应用比较多。通栏广告可以达到具有冲击力的视觉效果，或在瞬间引起买家注意。广告语是通栏广告的核心部分，对买家起到一定的吸引作用。广告语内容简短，字体要大，新颖别致，有冲击力，能一下子引起买家的注意力，广告语的设计最好用单标题而不用复合标题。

任务5　拓展版全屏背景制作

情境设计

　　海浪服饰有限公司通过专业的市场分析，设计制作了多样化的泳衣，成为全国泳衣市场的主导者。从电子商务专业毕业的学生小赵在该公司实习半年多的时间，已经掌握了一些基本的设计技能，小赵接到的任务是为公司的电子商务网站设计一个全屏背景。

任务分解

　　小赵在海浪服饰有限公司学习了基本的电子商务网站广告制作技巧，通过实习的这段时间参与了一些公司的案例设计，但缺乏实际的设计制作经验，现在需要独立完成全屏背景的制作。小赵得到了同事的耐心指导，并通过网络搜索到一些全屏背景的设计案例，再结合海浪服饰有限公司商品特点，开始设计本公司的全屏背景。

活动　制作全屏背景

活动实施

　　①执行"文件"→"新建"命令，宽度：1 500像素，高度：600像素，单击"确定"按钮。

　　②新建图层1作为天空图层，使用"渐变工具"为当前图层添加蓝（#16c9f4）→白的渐变颜色。选中"图层1"，单击下方的"添加图层蒙版"工具为当前图层添加蒙版，如图3.5.1所示。

制作拓展版
全屏背景

　　③单击图层1的蒙版缩略图，使用"渐变工具"为当前蒙版添加黑→白的渐变颜色，如图3.5.2所示。

　　④选中"图层1"，执行"滤镜"→"渲染"→"镜头光晕"命令，在"镜头光晕"对话框中设置光源位置在图片左上角，设置亮度为100%，设置镜头类型为50~300毫米变焦（Z），效果如图3.5.3所示。

图3.5.1

图3.5.2

图3.5.3

⑤新建图层2作为沙滩图层，为当前图层填充颜色，颜色值为# d8cda3。对当前图层执行"滤镜"→"杂色"→"添加杂色"命令，"数量"为20%，"分布"为平均分布，勾选"单色"选项，效果如图3.5.4所示。

⑥选中图层2，单击下方的"添加图层蒙版"工具为当前图层添加蒙版。单击图层2的蒙版缩略图，使用"渐变工具"为当前蒙版添加黑→白的渐变颜色，完成沙滩制作，效果如图3.5.5所示。

⑦新建图层3作为白云图层。使用"椭圆选框工具"绘制5个相互叠加在一起的圆形选区，并填充为白色，如图3.5.6所示。

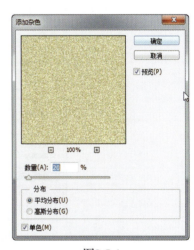

图3.5.4

图3.5.5

图3.5.6

⑧在右侧图层3图层上单击右键打开"混合选项",弹出"图层样式"对话框,在该对话框中勾选"斜面和浮雕",设置阴影颜色值为# 00cfff,其余各项参数如图3.5.7所示。

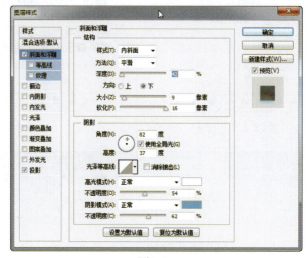

图3.5.7

⑨在该对话框中勾选"投影",设置投影颜色值为# 58daf8,其余各项参数如图3.5.8所示。

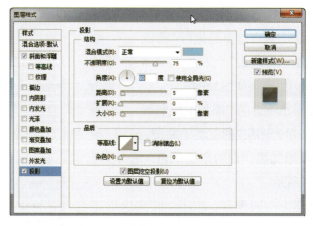

图3.5.8

⑩对当前图层执行"滤镜"→"模糊"→"高斯模糊"命令,"半径"值为4像素,如图3.5.9所示。

⑪对白云所在图层多次复制,并执行"编辑"→"自由变换"命令,缩放白云大小,调整位置后效果如图3.5.10所示。

⑫新建图层4作为海浪图层。在当前图层使用"矩形选框工具"创建一个选区,并使用"渐变工具"为当前选区添加蓝(#45d3f6)→白的渐变颜色,完成后按快捷键Ctrl+D取消当前选区,如图3.5.11所示。

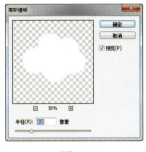

图3.5.9

图3.5.10

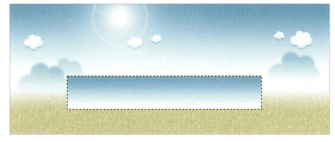

图3.5.11

⑬对当前图层执行"滤镜"→"扭曲"→"波纹"命令,"数量"值为999,"大小"值为大;继续执行"波纹"命令,"数量"值为999,"大小"值为中;继续执行"波纹"命令,"数量"值为999,"大小"值为小,效果如图3.5.12所示。

图3.5.12

⑭对当前图层执行"编辑"→"自由变换"命令,缩放海浪大小并旋转海浪角度,调整位置后效果如图3.5.13所示。

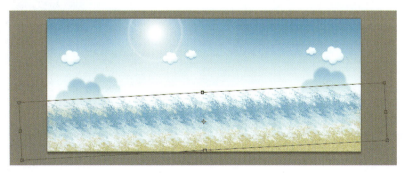

图3.5.13

⑮选中图层4海浪图层，单击下方的"添加图层蒙版"工具为当前图层添加蒙版。单击图层4的蒙版缩略图，使用"渐变工具"为当前蒙版添加黑→白的渐变颜色，完成海浪制作，效果如图3.5.14所示。

图3.5.14

⑯在右侧图层4图层上单击右键打开"混合选项"，弹出"图层样式"对话框，在该对话框中勾选"投影"，并设置阴影颜色参数为黑色，其他参数如图3.5.15所示。

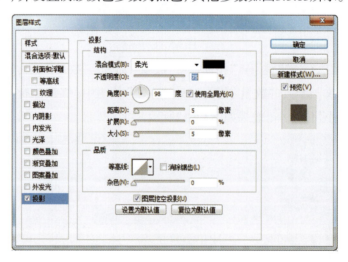

图3.5.15

⑰最终效果如图3.5.16所示。

图3.5.16

要点提示

这则全屏背景是泳装商品的背景广告,因此选用蓝色海洋作为背景的主体,给人夏季清爽的感觉。阳光、蓝色海洋、云彩和海浪等内容搭配在一起使画面具有动感。远方的云彩由大到小,清晰度也不同,突出图像的立体感。作为电子商务网站的一个设计背景,尽量不加入文字等内容,设计以简约为主,目的是让主题更加突出。

知识窗

全屏背景是网站上富有冲击力的影像,将整张图片作为背景填充整个网站的设计越来越流行,大图片一直以来都能强有力地抓住人们的注意力,因此越来越多的电子商务网站将全屏背景应用在设计中。全屏背景图片宽度一般要大于1 500像素,高度在600像素左右。为了不影响买家浏览销售页面的内容,因此全屏背景的设计不能太花哨,以简约为主,可以更好地突出电子商务网站的主体部分。全屏背景尽量少用或者不用文字,要根据商品的内容来制作适合的背景图片。

思政小课堂

中国传统图案纹样及寓意

中国传统图案精致独特,广泛应用于我们的日常生活和艺术作品,从建筑雕刻到日常服装,从简单庄重的青铜到精致华丽的玉瓷……它体现了中国古人高超的技艺水平和深厚的审美情趣。

1.云纹

云纹是一种由流畅的涡线组成的图案。一般来说,作为神、兽、四神等图像的地纹也是分开出现的。根本原因是汉魏时期中国人民崇尚自然,崇拜神仙。云纹意味着高升和满意。

2.莲花纹

莲花是中国的传统花卉。莲花图案意味着吉祥。现在它主要作为装饰出现在瓷器上。

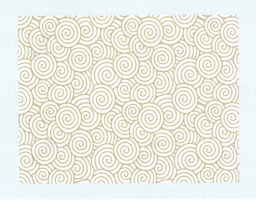 

3.水波纹

水波纹，又称为"海涛纹""海水纹"。水，滋养万物，润物无声，福泽天下，因此，水波纹就被世人赋予了厚德载物、海纳百川的寓意。

4.回纹

回纹属于传统寓意纹样，是由陶器和青铜器上的雷纹衍化而来的几何纹样。寓意吉利深长，苏州民间称之为"富贵不断头"。回纹图案在明清的织绣、地毯、木雕、瓷器和建筑装饰上到处可见，主要用作边饰或底纹，富有整齐、划一而丰富的效果。

如何设计一张神形俱备的中国风电商海报？如何将固有的文化符号提炼创新，设计出与众不同的感受？如何根据产品特性，从内核层面融入中国风特质？用最简单的方式把中国传统文化的元素置入美工设计中。

 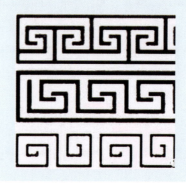

项目测试

（1）从男装、女装、童装3种商品中任选一种，用Photoshop制作品牌宣传店招广告设计，店名自定。

要求：

①分析你所选商品店铺的特征、消费群以及适合什么样的风格。

②尺寸：宽950像素×高150像素，分辨率72像素/英寸。

③风格形式不限，但要注意所选的商品画面风格要一致。

④注意色彩搭配的合理性，画面内容主次要分明。

（2）根据课堂做的好醇的设计任务进行拓展广告设计，用Photoshop将课堂中好醇的商品展示的广告设计改为促销广告，要求：

①尺寸：宽950像素×高200像素，分辨率72像素/英寸。

②促销内容体现夏季、价格优势。

③风格形式与原画面一致。

④注意色彩搭配的合理性，画面内容主次要分明。

（3）将学生分组，每个小组各自设计一个促销模板，通过对比不同小组的设计作品，说出每个模板在设计中使用的方法有哪些。

（4）将学生分组，每个小组各自设计一个女装通栏广告，通过对比不同小组的设计作品，说出每个通栏广告在设计中使用的方法有哪些，并指出通栏广告设计中的优点及不足。

（5）将学生分组，每个小组各自设计一个全屏背景，通过对比不同小组的设计作品，说出每个全屏背景在设计中使用的方法有哪些，并指出全屏背景设计中的优点及不足。

www.🛒.com

项目4　商品描述页面制作

项目综述

　　网上交易的整个过程中买家既看不到实物，也没有营业员引导和解答，商品描述页面就承担起推销一个商品的所有工作。对于商品详情页的认识，不同卖家都有自己的想法：有人想着如何设计得更美丽，而有人想着如何更好地展示商品。那么，如何真正将商品描述页做好呢？从构思、排版、商品卖点展现等都有一定的方法和规律可循。

项目目标

学习完本项目后，你将能够：

知识目标

- 了解买家购物认知规律。
- 了解网店美工不同岗位工作内容。
- 学习不同网店装修配色、排版知识。

能力目标

- 能够制作商品详情页模板。
- 能够根据店铺风格和商品确定商品详情页配色、排版方案。
- 能够根据不同类型商品制作宝贝详情页。
- 掌握网店视觉营销的基本方法。
- 学会图片的切割与优化。

课程思政目标

- 培养诚信经营的意识，做到商品如实描述，不欺骗消费者。
- 培养法律意识，不用没有授权的图片和资料，合法经营，不恶意攻击竞争对手。
- 倡导网络文明，自觉抵制低俗营销，倡导理性消费。
- 培养学生对祖国传统文化的认同，树立文化自信，培育和践行社会主义核心价值观，增强建设社会主义文化强国的责任感。

项目思维导图

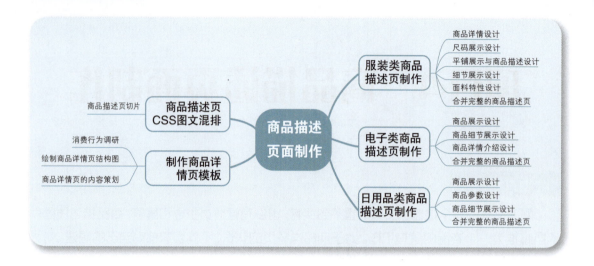

任务1 制作商品详情页模板

情境设计

惠美电子商务有限责任公司是一家综合类贸易公司，主营各类服饰商品、家居日用商品和电子商品三大类商品，目前每个品类交由不同的团队独立运作，拥有淘宝C店、天猫店、京东、当当、微店等20多家店铺，今年公司扩大了商品线，新招了一批员工进入各部门。刚刚从电子商务专业毕业的学生小丽通过面试应聘了美工岗位，需要经过3个月轮岗实习，了解公司不同团队美工岗位基本工作要求之后，再进行第二轮面试才能决定具体工作岗位。这3个月小丽需要掌握不同类型商品详情页面制作技巧，她的企业师傅首先教她商品详情页模板制作技巧。

任务分解

小丽之前在学校没有网店运营的经验，大部分知识都是按照教科书上操作指示完成，现在需要独立完成商品详情页制作，还不知道该如何下手，她向师傅请教。师傅给她布置了几个任务，需要在一周时间完成，首先要分析商品详情页的基本模块，策划商品详情页内容；其次要根据网店装修整体风格制作出模板；然后要跟摄影师沟通要求拍摄商品图片素材；接着要跟文案师沟通拿到商品详情页文案；最后根据设计要求制作出完整的详情页交运营部门上传。

活动1 消费行为调研

活动背景

商品详情页是唯一向顾客详细展示商品细节与优势的地方,顾客喜不喜欢这个商品、是否愿意在你的店里购买都要仔细看商品的详情页,99%的订单也都是在看过商品详情页后生成的。顾客到底关注些什么信息? 制作商品详情页面时应该放哪些内容进去呢?

活动实施

中学生网上消费行为调研

每5人一组组成调研团队,在所在的学校各专业调研不少于10名同学(男女各半),综合运用问卷调查方法,了解中学生网络购物情况,作为自己制作商品详情页的决策参考资料。可参考调查表4.1.1。

表4.1.1 消费者网上购物行为市场调研

学生(男/女)	学生1	学生2	学生3	学生4	学生5
年龄					
网购经验					
实拍图					
使用效果图					
尺寸、规格型号					
基本参数					
评价展示					
功能介绍(使用方法)					
做工细节					
商品质量					
促销信息					
品牌说明(店铺实力展示)					
购物保障须知					
调研结果分析					
调研人员:			调研时间:		
消费者在网上购物时最希望看到什么信息? 在以上选项中挑选不超过5个选项,并根据重要程度分别给予10分,9分,8分,7分,6分。					

要点提示

消费者的网络购物过程是怎样的?

根据对两万多家淘宝店铺的抽样调查,发现中小卖家99%的顾客是从商品描述页进入店铺的,大卖家92%的顾客从商品描述页进入店铺,超大卖家88%的顾客从商品描述页进入店铺。因此,商品描述页是店铺营销的核心所在,重中之重! 消费者网上购物的一般过程见表4.1.2。

表4.1.2   消费者网上购物一般过程

步骤	消费者心理	宝贝详情页关注点
第1步	第一眼印象,这件商品(风格、样式等)是否喜欢	整体展示(摆拍、模特展示)
第2步	细看,这件商品的质量好不好(功能全不全)	细节展示、功能展示、品牌展示
第3步	这件商品是否适合我	功能展示、尺码规格
第4步	商品的实际情况是否与卖家介绍的相符(是否是正品? 有无色差? 尺码是否有偏差)	商品品牌、商品销量、买家评论
第5步	商品价格有无优惠(想买商品了)	活动促销信息(打折、满减、组合价、会员价)、优惠信息(是否包邮、有无优惠券)

调查显示,买家决定是否购买,最关心的因素包括商品图片、商品描述(参数、性能、属性等)、服务承诺、质量保障、描述可信度与专业度、使用说明、注意事项、快递事项、真实评价、优惠政策、客服态度、店铺信誉、店铺装修等13项,其中9项属于商品描述的范畴,如图4.1.1所示。

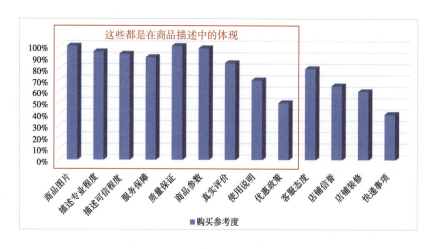

图4.1.1   买家网上购物决定因素调查表

活动2　绘制商品详情页结构图

活动实施

请上淘宝搜索任意一件商品，观察PC端和手机端商品详情页面内容，并绘制出商品详情页结构图。

分析商品详情页基本模块

要点提示

商品详情页基本结构：

（1）页面头部：LOGO、店招等。

（2）页面尾部：与头部展示风格呼应。

（3）侧面：客服中心，店铺公告（工作时间、发货时间），商品分类，自定义模块（比如销量排行榜等）。

（4）详情页核心页面：单件商品的具体详情展示。

知识窗

商品详情页各模块功能

1.商品展示模块

用户购买商品最主要看的就是商品展示部分，在这里需要让客户对商品有一个直观的感觉。通常这个部分是使用图片的形式来展现的，分为摆拍图和场景图两种类型。

摆拍图能够最直观地表现商品，拍摄成本相对较低，大多数卖家能够自己实现。摆拍图的基本要求就是能够把商品实际展现出来，走平实无华的路线。有时候这种态度也能够打动消费者。实拍的图片通常需要突出主体，用纯色背景，讲究干净、简洁、清晰。场景图能够在展示商品的同时，在一定程度上烘托商品的氛围，通常需要较高的成本和一定的拍摄技巧。这种拍摄手法适合有一定经济实力，有能力把控商品的展现尺度的卖家。因为场景引入得不好，反而增加了图片的无效信息，分散了购买主体的注意力。场景图可以是一张体现出商品功能的图，或者是一张唯美有意境的图片，可以衬托商品，而不是影响商品展示。

2.商品细节模块

在商品展示模块里，客户可以找到大致感觉。当客户想要购买的时候，商品细节模块就要开始起作用了，细节是让客户深入了解商品的主要手段，对最后的成交起到关键性的推动作用。

3.商品规格参数模块

图片是不能反映商品真实情况的，因为图片在拍摄的时候是没有参照物的。经常有买家买了商品以后要求退货，原因就是买回的商品比预期相差太多，预期便是商品图片留给买家的印象。所以我们需要加入商品规格参数的模块，才能让客户对商品有更为正确的预估。

4.客服体系模块

客服体系是指在整个销售过程中，售前、咨询、售后服务、问题投诉等一整套买家与客服进行沟通的渠道。完善的客服体系能极大地提高客服工作效率，让客户找到合适的人问该问的问题。虽然在店铺顶部可以直接点击旺旺，但是在页面里合适的位置放置咨询旺旺能够更快地将客户购买意识转化为交易。

5.品牌增值模块

品牌增值顾名思义就是将品牌信息引入到商品描述里，从而论证该商品是有别于其他店铺普通商品的事实。需要展示品牌信息的，通常都不是消费者熟知的品牌。

6.店主个性模块

但凡成功的店铺都有自己的独特的个性，这种个性主要是通过店主来体现。有个性的文案描述，或者阐述店主推荐商品的理由，在一定程度上，都是和买家之间进行沟通，建立一种相互的认同感。一个有个性的店铺，更为客户所接受。在标准化的商品描述页面中，加入店主的性格阐述，能够起到意想不到的效果。

7.关联营销模块

关联营销主要承载着两部分角色，一部分角色是客户对该商品不认可的时候，推荐相似的另外几款可能会留住这个客户。客户既然点击了这个商品，说明客户对这个商品是有部分认同的，推荐相似款，能够在一定程度上促成这次交易。另一部分角色是当客户确定要购买这件商品时，推荐与之搭配的另外一个商品，让客户再购买更多的商品，提高成交的客单价。因为客户在确定购买一个商品的时候，会下意识地降低邮资成本，那么多选购几个商品就是不错的方法。

8.会员营销模块

目前，在淘宝上的推广成本已经越来越高，争取一个客户所要花费的成本也在逐年增加，这就迫使卖家想尽办法留住争取来的客户。未来淘宝网店的竞争是客户之争，而积累用户群体，是当前淘宝网店竞争的核心环节。

积累客户最主要的手段是会员营销，组建自己的粉丝群，开设各种会员活动，这都需要在商品详情页面里有一个好的体现，从而不断扩大自己的粉丝群。团体活动、会员折扣，这些让会员长期关注店铺的手段用得好，会让店铺进入一个良性积累。

9.搭配展示模块

"搭配"是时下最流行的营销词汇。客户在淘宝购物已经不仅仅是单纯地购买某件商品，而是在寻找自己的风格。大多数人没有搭配方面的知识，不懂得如何进行搭配，他们更愿意去相信专业卖家的搭配推荐。一旦买家接受了店主推荐的搭配方案，就很可能会成为店铺的忠实客户。

10.包装展示模块

包装是体现服务质量的重要的组成部分。一个好的包装不仅能体现店铺的经营实力,也能够让买家更为放心,延续购物之前和购物当中的体验。

11.活动信息模块

详情页面里的商品促销信息,能够在用户的购买决策中起到临门一脚的作用。

12.功能展示模块

功能展示模块的主要作用是对商品各个功能作详细的解析。因为图片无法动态展示商品使用情况,所以需要在图片的基础上对于商品的其他功能作更详细的说明。时下最流行的说明方式是"看图说话",这也是最好的商品表述方式。"看图说话"能够进一步展示商品的细节,同时对细节进行必要的补充说明。"看图说话"能大大提高客户对商品的认识。但是这种功能展示形式对卖家的图片处理能力要求非常高。

模块间的相互组合,就像是语法中的主、谓、宾语一样。有的模块是整个商品描述最主要的组成部分,有的模块起到修饰的功能,让商品看上去更加诱人,给客户更多购买的理由。通常来说,标准化商品,如3C数码、手机、相机、电脑类目的商品,用户是理性购买,对商品的功能需求关注度非常高,这就要求卖家在商品描述的时候,更偏向于细节展示、商品参数、功能展示这几个模块。这些信息内容越丰富、越详细、越能吸引买家的注意力,花更多的时间停留在卖家的商品页面上。对于非标准化商品,如女装、手包、饰品等类目,冲动情绪对于客户购物的影响更大一些。这时,就需要格外强大的商品展示模块,比如场景图、氛围等。

店主个性模块,能做好的要尽量做好,现在淘宝网上的竞争体现在用户之争。用户对于店铺的认可度越高,店铺的发展前景越好。服装、饰品等类目无疑是个性店主们最能展现自己个性的战场。

活动3　商品详情页的内容策划

活动实施

了解了商品详情页的基本结构,接下来就要尝试制作一个商品详情页,应该如何策划每个商品详情页的具体内容呢?首先,为了节省大量时间,避免大部分的重复工作,可以将商品描述内容分为两种性质:一种是"特殊内容";另一种是"通用内容"。特殊内容是每个商品都不同的,例如图片、尺寸、参数等,这些内容必须逐个商品编辑发布。通用内容是多个商品相同的,如快递说明、售后服务、购买须知、品牌故事、商品知识等,这些内容没有必要一个一个去编辑,因为可以通过工具实现批量添加、批量修改、批量替换。根据不同模块的功能描述填写模块内容见表4.1.3。

表4.1.3　不同模块的功能

商品描述性质	商品描述模块	模块功能	备选项
特殊内容	海报大图	展示品牌或者商品特色、店铺促销活动广告图,第一时间吸引客户注意。	商品卖点/特性 给客户带来的好处 包装展示 海报大图 售后问题/物流 店铺/商品/车间资历证书 细节图片展示 同行商品对比 商品作用/功能 规格参数信息
	商品卖点/特性	展示商品与众不同的地方。	
	商品作用/功能	商品独特属性给客户带来的作用或者优势。	
	给消费者带来的好处	作用或者优势给客户带来的利益,对客户的好处。	
	规格参数信息	商品的可视化尺寸设计,让客户体验到实际尺寸,避免收货时低于心理预期。	
	同行商品对比	通过对比强化商品卖点,强化客户的购买决心。	
	细节图片展示	展示商品材料、做工,让客户更进一步了解商品。	
通用内容	包装展示	让客户了解商品包装各部件,方便客户收到货物后对比。	
	店铺/商品/车间资历证书	展示店铺品牌和实力,让客户放心购买。	
	售后问题/物流	解决客户购物流程、售后保障、退换货流程等,打消客户后顾之忧。	

要点提示

商品描述栏目的营销功能

商品详情页上半部分诉说商品价值,后半部分培养顾客的消费信任感。建立消费信任感不只是通过各种证书、品牌认证的图片来树立。使用正确的颜色、字体,还有排版结构,这些对赢得顾客消费信任感也会起到重要的作用。详情页每一模块组成都有它的价值,都要经过仔细的推敲和设计。根据商品描述模块的功能可以划分不同的商品描述栏目,分别实现不同的营销功能。

1. 基础描述栏目

基础描述栏目主要提供给买家最需要了解的基本信息。如商品展示、商品描述、快递说明、售后服务、商品参数、商品报价、购买须知、退换说明、联系方式、尺寸相关、测量方法、模特展示、细节展示、购物流程、支付方式等。

2. 强化增值栏目

强化增值栏目主要提供更多的信息增强商品描述的说服力, 提高店铺的品牌感、专业感, 令买家更放心购买, 同时减少咨询量。如效果展示、设计手稿、品牌故事、关于我们、商品知识、公司荣誉、鉴别方法、洗涤建议、使用方法、保养方法、授权证书、质检证书、用户评价等。

3. 营销刺激栏目

营销刺激栏目主要为买家提供更多的商品选择, 扩大购买范围, 增加成交机会。如热卖推荐、相关商品、搭配套餐、新品推介、好评推介等。

详情页的描述基本遵循以下顺序: ①引发兴趣; ②激发潜在需求; ③赢得消费信任; ④替客户作决定。特别要注意的是, 由于客户不能真实体验商品, 因此商品详情页要打消买家顾虑, 从客户的角度出发, 关注最重要的几个方面, 并不断强化, 告诉顾客: 我是做这行的专家, 我很值得信赖, 买家买了都说好, 正好店铺有活动现在下单价格最优, 明日即刻涨价。

任务2　服装类商品描述页制作

情境设计

经过一周的培训, 小丽对商品详情页的设计已经有了一定的了解, 她的企业师傅准备了一些商品素材, 准备锻炼小丽的实际动手能力, 首先选择的就是最常见的服装类商品描述的设计。

任务分解

小丽在师傅的指导下, 首先确定了服装类商品描述页需要包含的内容: ①商品详情; ②尺码展示; ③平铺展示与商品描述; ④细节展示; ⑤面料特性。为了方便设计, 小丽准备先将5个内容分别设计好再进行合并, 最终将完整的详情页交给运营部。

活动1　商品详情设计

活动背景

商品详情页
设计

商品详情是在宝贝详情页中首先被顾客看到的内容, 对顾客喜不喜欢这件商品, 是否愿意将宝贝详情页看完并最终购买, 起着非常重要的作用。在设计商品详情这一部分内容的时候, 要充分考虑到这一点, 并尽可能地将能反映商品特性的内容放置在这一块, 吸引顾客继续查看完整的宝贝详情页。由于是服装类商品, 商品详情内容应包含商品主体、商品信息(面料、尺码等)内容。

活动实施

开始设计之前，小丽首先得要确定页面的尺寸，设计过程中内容的增减都有可能使得页面尺寸发生变化，但是商品描述页的宽度一般都是固定的，也就是750像素，因此在设计的时候，可以先为每一部分内容新建一个750像素×1 000像素的画布，在设计过程中再根据需要进行画布裁切或者增加画布高度。

1. 设计详情分类条

由于小丽打算将商品描述页分成5个部分内容进行展示，各部分内容之间设计一个分类条，可以让商品描述页条理更加清楚。首先，新建画布，在图层面板上新建一个组，组名为"分类条"；其次，在组内新建一个图层，绘制一个矩形框，并填充为黑色；再次，新建一个图层，利用直线工具绘制一条白色的直线，并复制一份，适当调整位置；最后，输入"商品详情PRODUCT DETAILS"字样，效果如图4.2.1所示。

图4.2.1

2. 商品主体展示

在图层面板新建一个组，组名为"商品主体"。在组内新建一个图层，在分类条的下方绘制一个白色矩形，并设置其图层样式"外发光""投影"，参数如图4.2.2和图4.2.3所示。

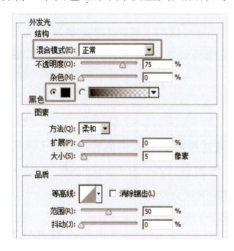 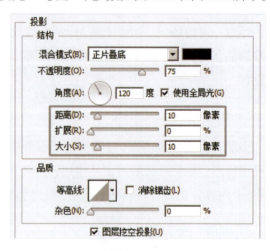

图4.2.2　　　　　　　　　　　　　　　图4.2.3

打开素材"电子素材/项目4/任务2/商品主体.jpg"，并将其拖入白色矩形的上方，创建剪贴蒙版，并调整该图片的大小，让其适应白色矩形框的大小，效果如图4.2.4所示。

3. 商品信息栏设计

根据商品的相关信息，见表4.2.1。在商品主体图旁边设计一个商品信息栏，如图4.2.5所示。

图4.2.4

表4.2.1

类　　别	休闲牛仔
颜色	深灰色
面料	65%棉 25%聚酯纤维 10%再生聚酯纤维
尺码	29/30/31/32/33/34/35
厚度指数	□薄 □适中 ■厚
弹力指数	□无弹 ■微弹 □弹力
触感指数	□柔软 ■适中 □偏硬
版型指数	□宽松 ■修身 □紧身

图4.2.5

　　商品详情部分设计完成后，根据实际需要，利用裁切工具对页面的高度进行裁切，保存源文件，同时生成一个jpg格式的成品文件待用。

活动2　尺码展示设计

尺码展示设计

活动背景

作为服装类商品,尺码的说明非常重要,它关乎顾客能否买到合身的服装。因此在商品描述页中,尺码展示部分是必不可少的,同时也要求尺码的展示必须客观、准确。通常服装的尺码都会以表格的方式呈现,不同的服装,尺码也会有一定的差异,为了方便修改,可以先通过Excel表格将尺码表做好排版,再复制到Photoshop中进行处理。

活动实施

新建一个750像素×1 000像素的画布,在设计过程中根据需要进行画布裁切或者增加画布高度。

1. 分类条

在上一个活动中,小丽已经设计好了一个分类条,现在只需要从上一活动中将"分类条"组拖动到新的画布中,进行位置的调整及文字的更改,如图4.2.6所示。

图4.2.6　修改尺码展示分类条

2. 尺码表的制作

根据商品的尺码信息,见表4.2.2,打开Microsoft Office系列的Excel表格工具,根据表4.2.2进行排版设计。

表4.2.2　尺码表

尺码	29	30	31	32	33	34	35
腰围	76	78	80	82	84	86	88
臀围	96	98	100	102	104	106	108
前档	19	19.5	19.5	20.5	20.5	21	21
大腿围	56	58	60	61	62	62.5	64
脚围	35.5	35.5	36	36	37	37	37.5
内长	82	82.5	82.5	83	83	83.5	83.5
规格	165/74A	170/76A	170/78A	175/82A	175/84A	180/86A	180/88A

3. 尺码展示页面设计

将在Excel中经过排版的表格选中并复制，在Photoshop中进行粘贴，生成一个新的图层，打开素材文件"电子素材/项目4/任务2/测量参考图.jpg"文件，调整图与表格的位置。由于服装的测量通常是手工测量，数据可能存在一定的偏差，在设计图上需要加以说明。完成效果如图4.2.7所示。

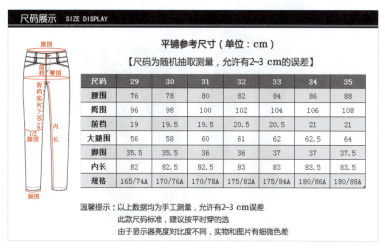

图4.2.7

尺码展示部分设计完成后，根据实际需要，利用裁切工具对页面的高度进行裁切，保存源文件，同时生成一个jpg格式的成品文件待用。

活动3　平铺展示与商品描述设计

活动背景

利用商品详情吸引了顾客的注意之后，还需要进一步展示商品的相关内容，以便刺激顾客的购买欲望。通过对商品的平铺展示以及商品描述，让顾客对该商品有进一步的了解，吸引顾客继续查看商品详情页的其他内容。

活动实施

新建一个750像素×1 000像素的画布，在设计过程中根据需要进行画布裁切或者增加画布高度。

1. 分类条

将活动1中小丽设计好的"分类条"组拖动到新的画布中，进行位置的调整及文字的更改。

2. 平铺展示的制作

服装类的商品平铺展示一般为服装的正面和反面，小丽从摄影师拍摄的众多图片中选择了两张正反面图片，为了说明该图片为实物拍摄，还需要加个实物拍摄说明，添加说明的时候需要注意图文的合理排列，这里可以重点突出"100%"这一文字。对两张平铺图片添加图层样式："外发光"（混合模式：正常；颜色：黑色；大小：10像素）"投影"（不透明度：30%；角度：135度；距离：10像素；大小：0像素），适当旋转两张图片，完成效果如图4.2.8所示。

图4.2.8

3. 商品描述的制作

对服装商品的描述主要是针对服装的细节进行总体描述，吸引顾客接着往下查看商品细节的大图展示，因此对商品描述需要首先归纳其主要细节有几部分，再进行布局设计。根据本实例商品的实际情况，可以将细节归纳为6个部分，因此在进行商品总体描述的时候可以用2行3列的布局格式来进行描述。

确定布局之后，小丽首先绘制了一个草图，确定商品描述的大致分布，如图4.2.9所示。

图4.2.9

　　确定了商品描述草图后，小丽开始进行"商品描述"部分的设计，显然当前画布1 000像素的高度已经不足以放下所有的内容，因此，小丽需要先调整画布的高度（按组合键"Ctrl+Alt+C"打开"画布大小"对话框），如图4.2.10所示。接下来在原有组的基础上新建一个"商品描述"组，组内添加一个说明图标和文字。根据草图制作商品描述框，由于6个描述框是相同的，可以通过新建组的方式进行制作：新建一个"描述框"组，绘制一个白色矩形，添加"描边"图层样式（大小：1像素；不透明度：50%；颜色：黑色）。复制该白色矩形，修改该矩形的大小，取消"描边"图层样式，添加"颜色叠加"图层样式（白色以外的颜色均可），添加商品描述文字说明（用"****"代替），如图4.2.11所示。

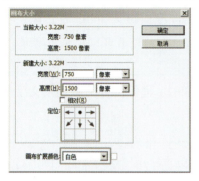

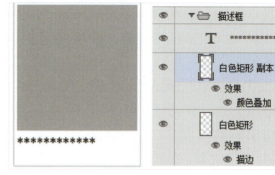

图4.2.10　　　　　　　　　　　　　　　　　图4.2.11

　　将完成好的"描述框"组复制5份，参考草图进行位置调整，打开"电子素材/项目4/任务2/商品描述1.jpg"—"商品描述6.jpg"，将各图片分别利用"创建剪贴蒙版"的方式嵌入到"白色矩形副本"层（将图片拖移到"白色矩形副本"层的上方，按住Alt键，在两个图层之间单击），调整各描述图的大小及位置；修改每个商品描述图的文字说明内容。效果如图4.2.12所示。商品描述部分设计完成后，根据实际需要，利用裁切工具对页面的高度进行裁切，保存源文件，同时生成一个jpg格式的成品文件待用。

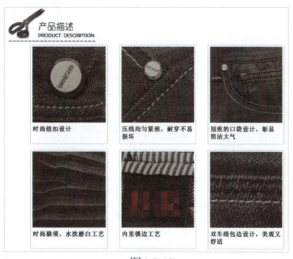

图4.2.12

活动4　细节展示设计

活动背景

通过对商品的平铺展示以及商品描述，成功吸引顾客的注意之后，考虑到顾客可能对商品的细节有更高的要求，还需要再增加一个细节展示内容的设计，通过大图的方式，完整地展示出商品的细节，供顾客参考并作出选择。

细节展示设计

活动实施

细节展示图一般都以高清大图展示，因此新建的画布高度应该大一些。先新建一个750像素×3 000像素的画布，在设计过程中再根据需要进行画布裁切或者增加画布高度。

1. 分类条

将活动中1中小丽设计好的"分类条"组拖动到新的画布中，进行位置的调整及文字的更改。

2. 细节展示设计

细节展示部分主要是需要展示商品的高清细节，因此可以直接用尺寸相等的大图进行展示即可。小丽挑选了6张设计师拍摄的高清大图，还是以创建组的方式进行单个细节展示设计，然后通过复制组的方式完成其他高清细节展示。首先在新建的"细节展示1"组内新建一个图层，绘制一个680像素×450像素的矩形（颜色任意选择），再加上文字说明，如图4.2.13所示。

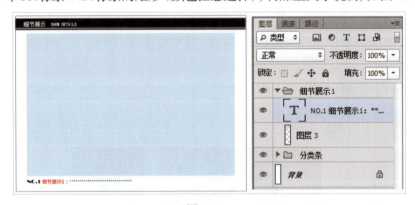

图4.2.13

将完成好的"细节展示1"组复制5份，由上往下排列，打开素材"电子素材/项目4/任务2"中"细节图1.jpg"—"细节图6.jpg"，将各图片分别利用"创建剪贴蒙版"的方式嵌入组内的矩形图中（将图片拖移到矩形层的上方，按住Alt键，在两个图层之间单击），调整各细节图的大小及位置；修改每个细节图的文字说明内容，效果如图4.2.14所示。

细节展示部分设计完成后，根据实际需要，利用裁切工具对页面的高度进行裁切，保存源文件，同时生成一个jpg格式的成品文件待用。

图4.2.14

活动5　面料特性设计

面料特性设计

活动背景

对服装商品进行了详细的展示及说明之后, 在商品描述页的最后, 可以对服装所采用的面料进行进一步的说明, 使得顾客在了解服装的设计风格、细节的基础上, 还可以对面料有一定的了解。

活动实施

新建一个750像素×1 000像素的画布, 在设计过程中根据需要进行画布裁切或者增加画布高度。

1. 分类条

将活动1中小丽设计好的"分类条"组拖动到新的画布中, 进行位置的调整及文字的更改。

2. 面料特性设计

面料特性部分主要是让顾客了解自己所选购的服装是由什么材质制作的, 因此面料特性设计部分需要详细描述其选用的材料来源、优势所在。

首先, 小丽需要跟文案师沟通, 获得面料的相关资料, 接下来再从摄影师那里挑选一些与面料相关的图片, 然后就可以开始设计了。打开素材"电子素材/项目4/任务2"中"棉花图.jpg""普通棉纤维图.jpg""自然棉纤维图.jpg",对其作适当的大小变形及排版,添加文案资料;再添加一个"剪裁图.jpg",完成效果如图4.2.15所示。

图4.2.15

面料特性部分设计完成后,根据实际需要,利用裁切工具对页面的高度进行裁切,保存源文件,同时生成一个jpg格式的成品文件待用。

活动6　合并完整的商品描述页

活动背景

通过前面的5个活动,小丽已经完成了服装类商品描述页包含的内容:①商品详情;②尺码展示;③平铺展示与商品描述;④细节展示;⑤面料特性。接下来她需要将设计好的5个子页面合并成一张完整的商品描述页提交给运营部。

活动实施

首先打开前5个活动中已完成的jpg格式设计图。通过查看各设计图的图像大小,计算完整页面需要用到的高度,并新建一个相应高度、宽度为750像素的页面;然后用移动工具将各设计图拖动到新建的页面中,排列整齐;最后将页面保存为jpg格式的商品描述页。小丽的第一个商品描述页的设计就完成好了,如图4.2.16所示。

图4.2.16

任务3　电子类商品描述页制作

情境设计

完成了第一个商品描述案例后，小丽对商品详情页的设计有了更进一步的了解，接下来她打算练习一下其他类别商品的详情页设计，与她的企业师傅小王商量后，小丽准备完成一个电子类的商品设计。

任务分解

与服装类商品描述类似，首先也需要确定商品描述页包含哪些内容？根据电子类商品的特点，小丽决定从3个方面进行商品的描述：①商品展示；②细节展示；③详情介绍。设计上，小丽还是沿用上一任务的方法，先将3个内容分别设计好再进行合并，最终将完整的详情页交给运营部。

活动1　商品展示设计

活动背景

电子类商品与服装类商品不一样，首先需要吸引顾客的眼球，从外观及主要功能上如果能吸引顾客的注意，将决定着顾客的购买意愿。经过一番思考，小丽决定先进行一些图片的收集，比如准备一些视频画面、游戏界面、软件界面等素材，在商品展示设计的时候将这些素材与商品图片进行相应的合成，以达到画面丰富的效果。

活动实施

将要进行商品描述页设计的商品是平板电脑，考虑到现有素材相对单调，小丽需要首先对摄影师拍摄的平板电脑图片进行一些后期的加工、合成，然后再应用到商品展示设计中。

1. 商品展示前期准备

小丽挑选了4张摄影师拍摄的平板电脑的图片，分别用于整体展示、功能说明、视频界面展示、游戏工作界面展示。相应地，小丽也从网上搜索了一些图片素材，准备用于后期合成。

（1）整体展示图合成

首先小丽在Photoshop中打开"电子素材/项目4/任务3"中"平板电脑1.jpg"及"合成素材1.jpg"两个素材，如图4.3.1和图4.3.2所示，分析发现平板电脑的屏幕是空白的，可以将彩色图片素材放置到屏幕中，丰富平板电脑的色彩。

图4.3.1　　　　　　　　　　　　　　　　图4.3.2

在"平板电脑1.jpg"中，用魔棒工具选中平板电脑中心的灰色部分，切换到"合成素材1.jpg"中，快捷键Ctrl+A（全选），快捷键Ctrl+C（复制），再切换回"平板电脑1.jpg"中，执行菜单"编辑"→"选择性粘贴"→"贴入"，对贴入的图层进行自由变换（快捷键Ctrl+T），参考平板电脑摆放的角度，对图片进行"缩放""透视"等操作，完成将彩色素材贴入平板电脑这一合成操作，如图4.3.3所示。将合成后的图片另存为"整体展示.jpg"。

（2）功能说明图合成

在Photoshop中打开"电子素材/项目4/任务3"中"平板电脑2.jpg"及"合成素材2.jpg"两个素材，方法同上，为该平板电脑添加色彩丰富的图片。利用线条和文字，为其添加相应的功能说明，完成效果如图4.3.4所示。将合成后的图片另存为"功能说明.jpg"。

图4.3.3　　　　　　　　　　　　　　　　图4.3.4

（3）视频界面展示图合成

在Photoshop中打开"电子素材/项目4/任务3"中"平板电脑3.jpg"及"合成素材3.jpg"两个素材，为了表达视频播放的高清性，小丽打算将这部分的合成做得立体一些，做出画面冲出屏幕的效果。首先，将视频图片放置到平板电脑的显示区内，方法同上，但是调整大小的时候使得屏幕不能完全显示视频内容，如图4.3.5所示。复制视频图片图层，在其蒙版上用白色画笔恢复完整的视频内容，再借助黑色画笔把多余的一些内容擦除掉，如图4.3.6和图4.3.7所示。将合成后的图片另存为"视频界面展示.jpg"。

（4）游戏、工作界面展示图合成

在Photoshop CS6中打开"电子素材/项目4/任务3"中"平板电脑4.jpg""游戏界面.jpg""游戏图标.jpg"及"常用工具图标.png"4个素材，用同上的方法，将"平板电脑

4.jpg"和"游戏界面.jpg"合并成色彩丰富的平板电脑图,如图4.3.8所示;再将"游戏图标.jpg"及"常用工具图标.png"分别添加到"平板电脑4.jpg"中,利用蒙版,将一些不需要的小图标擦除,完成游戏、工作界面展示图合成,如图4.3.9所示。将最终合成的图片另存为"游戏工作界面展示.jpg"。

图4.3.5　　　　　　　　　　　图4.3.6　　　　　　　　　　　图4.3.7

图4.3.8　　　　　　　　　　　　　　　图4.3.9

商品展示前期准备完成后,就可以开始完成商品展示内容的完整设计了。与服装类商品描述页一样,页面的宽度是固定的750像素,考虑到商品展示是电子类商品描述的主要部分,因此需要用到的画布高度相对会大一些,同时可以新建一个750像素×2 400像素的画布,在设计过程中再根据需要进行画布裁切或者增加画布高度。

2.设计详情分类条

分类条的设计可以参考服装类商品描述页分类条的设计,当然也可以发挥自己的创意,设计各种不同类型的分类条。在这里,小丽选用了灰绿搭配的方式设计了一个分类条,效果如图4.3.10所示。

产品展示 PRODUCT SHOW　　　　　　　　　　　　　　　　　　　　　　　+WELCOME+

图4.3.10

首先,新建画布后,在图层面板上新建一个组,组名为"分类条";接着,在组内新建一个图层,绘制一个矩形框,并填充为浅灰色;复制该图层,快捷键Ctrl+T(自由变换),将该矩形往左侧缩小,并通过"斜切"变形为平行四边形,为其添加图层样式"颜色叠加",

图4.3.11

改变该形状的颜色为浅绿色；输入"商品展示PRODUCT SHOW"字样；分类条右侧为了避免单调，可输入一行如"+WELCOME+"字样的小字作为点缀。

3. 商品展示设计

在Photoshop CS6中打开商品展示前期设计的4个文件："整体展示.jpg""功能说明.jpg""视频界面展示.jpg"及"游戏工作界面展示.jpg"。将其与文字说明按顺序拼合在一起，如图4.3.11所示。商品展示部分设计完成后，根据实际需要，利用裁切工具对页面的高度进行裁切，保存源文件，同时生成一个jpg格式的成品文件待用。

活动2　商品细节展示设计

活动背景

电子类商品详情页重点部分是商品展示，接下来对商品细节进行相应的展示即可。小丽挑选了几张细节比较清楚的照片，利用简单的排版进行展示。

活动实施

新建一个750像素×1 000像素的画布，在设计过程中根据需要进行画布裁切或者增加画布高度。

1. 分类条

在上一个活动中，小丽已经设计好了一个分类条，现在只需要从上一活动中将"分类条"组拖动到新的画布中，进行位置的调整及文字的更改。

2. 商品细节展示

在Photoshop CS6中打开相应的细节图片。将其与文字说明进行简单的排版，如图4.3.12所示。商品细节展示部分设计完成后，根据实际需要，利用裁切工具对页面的高度进行裁切，保存源文件，同时生成一个jpg格式的成品文件待用。

活动3　商品详情介绍设计

活动背景

电子类商品详情描述页一般以图片配合文字的形式进行设计,利用图片的优势介绍商品的主要功能,详情介绍一般为该商品的相应参数,可以用表格或者文字段落的形式用于展示。小丽在进行详情介绍设计时,采用了文字段落的方法来进行。

活动实施

新建一个750像素×1 000像素的画布,在设计过程中根据需要进行画布裁切或者增加画布高度。

1. 分类条

将活动1中小丽设计好的"分类条"组拖动到新的画布中,进行位置的调整及文字的更改。

2. 详情介绍设计

将详情介绍文字在Photoshop CS6中进行简单的排版,如图4.3.13所示。

商品详情介绍部分设计完成后,根据实际需要,利用裁切工具对页面的高度进行裁切,保存源文件,同时生成一个jpg格式的成品文件待用。

图4.3.12

详情介绍设计

详情介绍 PRODUCT PRESENTATION

* **CPU**:********(主频:2 GHz)
* **硬盘**: NANDFLASH:32 GB
* **内存**: DDRIII *****
* **扩展存储设备**: MICROSD(最大支持32 GB),U盘
* **操作系统**: GOOGLE ANDROID *****
* **内置网卡**: WIFI 802.11 B/G/N
* **摄像头**: 前置摄像头
* **适配器**: 9 V/1.5 A
* **音频**: 内置立体声喇叭和麦克风
* **视频支持格式**: MPEG1/2/4、AVI、FLV、MJPG、H263、H264。其中除H264支持的是(720×480)分辨率,其余视频格式均支持(1280×720)分辨率。
* **显示比例**: 16:9
* **触屏类型**: 电阻屏
* **屏幕尺寸**: 7英寸
* **电源**: 可充电式锂电池
* **其他功能**: 支持高清视频播放、邮件、电子书、照相、时钟、闹钟、日历、重力感应、等更多其他功能
* **产品尺寸**: 198mm*127mm*16.8 mm
* **颜色**: 前黑后银

图4.3.13

活动4　合并完整的商品描述页

活动背景

通过前面的3个活动，小丽已经完成了电子类商品描述页包含的内容：①商品展示；②细节展示；③详情介绍。接下来她需要将设计好的3个子页面合并成一张完整的商品描述页提交给运营部。

合并完整的商品描述页

活动实施

首先打开前3个活动中已完成的jpg格式设计图。通过查看各设计图的图像大小，计算完整页面需要用到的高度，并新建一个相应高度，宽度为750像素的页面；接着用移动工具将各设计图拖动到新建的页面中，排列整齐；最后将页面保存为jpg格式的商品描述页。小丽的第二个商品描述页的设计就完成好了，如图4.3.14所示。

图4.3.14

任务4　日用品类商品描述页制作

情境设计

完成了两个商品描述案例后，小丽对商品详情页的设计已经有了自己的理解，接下来她准备尝试一下日用品类商品的详情页设计。经过与她的企业师傅商量，小丽选择了一款折叠六角形收纳凳作为自己练习的目标。

任务分解

根据其选择的商品特点，小丽决定从3个方面进行商品的描述：①商品展示；②商品参数；③细节展示。设计上，小丽还是用前面用过的方法，先将3个内容分别设计好再进行合并，最终将完整的详情页交给运营部。

活动1　商品展示设计

活动背景

商品展示对于日用品类的商品来说有着重要的作用，顾客对商品的第一印象就取决于此。它能让顾客对商品有一个完整的认识，比如形状、颜色选择、用途等。

商品展示设计

活动实施

与前面两个任务类似，小丽首先需要新建一个画布用于设计，页面大小暂定为750像素×1 000像素，在设计过程中根据需要进行画布裁切或者增加画布高度。

1. 设计详情分类条

对分类条的设计已经有了一定的经验后，小丽在对日用品类商品进行分类条设计的时候，首先考虑配色的问题，日用品类的商品一般来说颜色可以鲜明一点；其次是形状，可以沿用之前任务的长条形，也可以根据自己的想法设计独特的形状。这里，小丽设计了一个配色鲜艳的分类条，如图4.4.1所示。

图4.4.1

首先，新建画布，在图层面板上新建一个组，组名为"分类条"。接着，在组内新建一个图层，选择矩形工具（选项选择：路径），绘制一个矩形路径，利用直接选择工具选择右上角的点，往左侧稍微移动，如图4.4.2所示，为该路径填充为黄绿色。新建一个图层，对路径进行变形，如图4.4.3所示，并为该路径填充为天蓝色。最后，在左侧添加一个蓝色形状，并添加相应的文字说明。

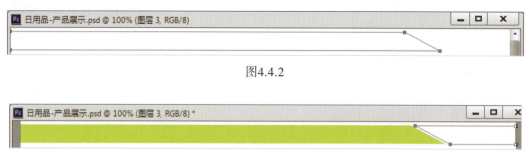

图4.4.2

图4.4.3

2. 商品展示设计

在Photoshop中打开"电子素材/项目4/任务4"中"商品颜色1.jpg"——"商品颜色5.jpg"，选择一个商品作为主要展示的商品放置在左侧，把另外4个颜色的商品等比缩小，并添加"图层样式"（1像素，不透明度50%，颜色：黑色），水平排列在主要展示商品的右下侧。绘制几个与商品颜色相同的正方形，排列在合适的位置上。添加上相应的文字说明（适当调整文字的颜色及大小，突出重点），如图4.4.4所示。

图4.4.4

商品展示部分设计完成后，根据实际需要，利用裁切工具对页面的高度进行裁切，保存源文件，同时生成一个jpg格式的成品文件待用。

活动2　商品参数设计

活动背景

每一个商品，都需要有相应的参数说明，虽然图片描述比较直观，但同时也必须说明清楚具体的参数，让顾客对商品有更客观的了解。小丽所选择的六角形折叠凳这一商品比较重要的参数是尺寸以及材质，接下来的设计就针对这两部分来完成。

活动实施

新建一个750像素×1 000像素的画布，在设计过程中根据需要进行画布裁切或者增加画布高度。

1. 分类条

把从上一活动中设计好的"分类条"组拖动到新的画布中，进行位置的调整及文字的更改。

2. 商品参数设计

在Photoshop CS6中打开"电子素材/项目4/任务4"中素材图片"商品组成图.jpg"及"商品颜色1.jpg"。为商品图配上一个尺寸标示，并用文字说明商品的特性，最后再加上常见参数说明，如图4.4.5所示。

图4.4.5

商品参数部分设计完成后，根据实际需要，利用裁切工具对页面的高度进行裁切，保存源文件，同时生成一个jpg格式的成品文件待用。

活动3　商品细节展示设计

活动背景

与所有类别的商品描述页一样，商品的细节展示是必不可少的。在对日用品类的细节展示说明中，可以突出商品的材质细节以及商品特性。

活动实施

新建一个750像素×1 000像素的画布，在设计过程中再根据需要进行画布裁切或者增加画布高度。

1. 分类条

把从上一活动中设计好的"分类条"组拖动到新的画布中，进行位置的调整及文字的更改。

图4.4.6

2. 商品细节展示设计

在Photoshop CS6中打开"电子素材/项目4/任务4"中素材图片"商品特性1.jpg""商品特性2.jpg"以及"商品细节1.jpg""商品细节2.jpg",为商品的特性配上文字说明以及相应的商品细节图,如图4.4.6所示。

商品细节展示部分设计完成后,根据实际需要,利用裁切工具对页面的高度进行裁切,保存源文件,同时生成一个jpg格式的成品文件待用。

活动4　合并完整的商品描述页

活动背景

通过前面的3个活动,小丽已经完成了日用品类商品描述页包含的内容:①商品展示;②商品参数;③细节展示。接下来她需要将设计好的3个子页面合并成一张完整的商品描述页提交给运营部。

合并完整的商品描述页

活动实施

首先打开前3个活动中已完成的jpg格式设计图。通过查看各设计图的图像大小,计算完整页面需要用到的高度,新建一个相应高度,宽度为750像素的页面;接着用移动工具将各设计图拖动到新建的页面中,排列整齐;再为整体描述页添加上一些图片点缀;最后将页面保存为jpg格式的商品描述页,如图4.4.7所示。

图4.4.7

任务5　商品描述页CSS图文混排

情境设计

能熟练制作商品描述页后，小丽注意到纯图片制作的商品描述页不容易被搜索到，而且打开速度完全受到网速限制，于是小丽希望尝试图文结合的方式呈现商品描述页。

任务背景

对于网店卖家而言，在商品描述中一般需使用大量图片，减少纯图片而用图文混排的方式，可以使搜索引擎顺利读取宝贝描述的内容，并便于后期修改宝贝描述、进行SEO优化等。

任务分解

首先要了解平台关于商品详情页制作的要求，结合店铺的整体装修要求规划好详情页一共需要分为多少个页面，然后再对前面做好的详情页进行裁切。

> **知识窗**
>
> 图文混排商品描述页：图文结合，文字部分不转化为图片，图片为辅。纯图片的商品描述页：整个商品描述页均为图片，文字说明部分也以图片形式呈现。

活动　商品描述页切片

CSS 图文混排
商品描述页

活动实施

①在Photoshop中打开"电子素材/项目4/任务5"中已做好的"服装类商品描述页.psd"，设计效果图时，文字区域尽量为矩形，方便使用CSS，如图4.5.1所示。

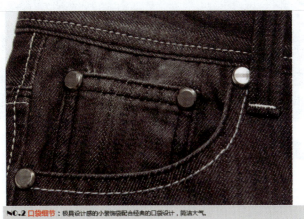

图4.5.1

②使用Photoshop的切片工具将效果图切片，如图4.5.2所示。

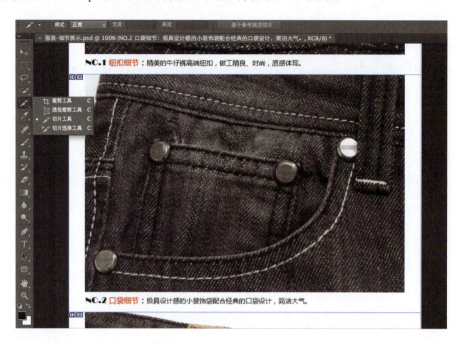

图4.5.2

③单击文字图层前的眼睛图标，隐藏文字图层，留下需处理的图片层，如图4.5.3所示。

图4.5.3

④单击"文件"→"存储为web格式"，或使用组合键Ctrl+Shift+Alt+S，选中切片，图片格式设置为jpg，存储切片，如图4.5.4所示。

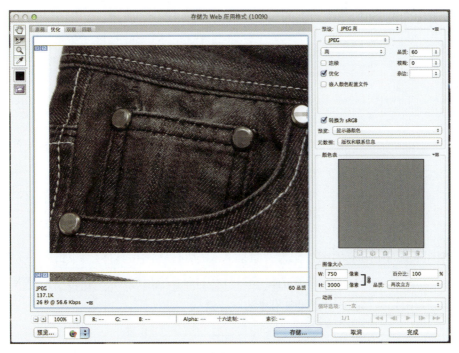

图4.5.4

⑤将存储好的jpg图片上传到淘宝后台的图片空间，如图4.5.5所示。

图4.5.5

⑥进入商品描述编辑页面，在商品描述编辑框点选第一个<…>源码按钮，输入div标签，该标签成对出现，写法为<div>...</div>，如图4.5.6所示。

图4.5.6

⑦设置一个宽750的隐藏边框的表格，具体代码如图4.5.7所示。

图4.5.7

⑧将图片空间中对应的图片作为背景插入相应的表格中，具体代码如图4.5.8所示。其中 "https://img.alicdn.com/imgextra/i2/1944514011/TB2GPJ5gXXXXXcDXXXXXXXXXXX_!!1944514011.jpg" 是图片空间中图片的对应链接。

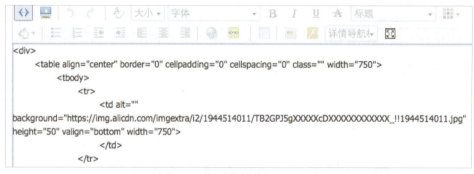

图4.5.8

⑨预览效果如图4.5.9所示。

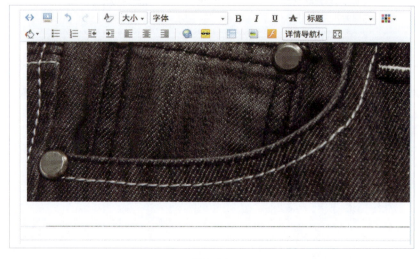

图4.5.9

⑩加入文字。插入<p>...</p>，用于放置一段文本中"<p>"和"</p>"间插入文本内容，使用</br>换行，如图4.5.10所示。

图4.5.10

⑪文字的字体、字号、颜色等样式，可返回编辑视图直接用文字工具来设置，如图4.5.11所示。

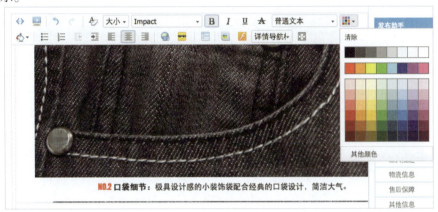

图4.5.11

⑫完成的效果如图4.5.12所示。

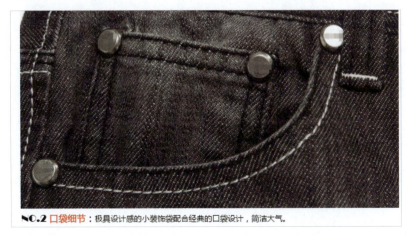

图4.5.12

⑬保存已经编辑好的宝贝，其余图文混排部分，重复上述步骤。

要点提示

淘宝平台会过滤div的background背景属性，因此需要在每一个用到background的div里添加一个table表格，并利用table的background背景属性。

知识窗

div是网页中经常用来进行网页布局的一个标签，它本身就是一个容器，可以用来放置其他的元素。CSS是用来进行网页风格设计的，可以使人有效地控制网页外观，可以扩充精确指定网页元素位置、外观以及创建特殊效果的能力。

思政小课堂

倡导简约适度、绿色低碳的生活方式

网店在传播商品信息的同时也在不断塑造人们的消费观念。电商平台除打造各种购物节之外，如"双十一购物狂欢节""3·8日女神节"等，近几年各电商平台扎堆推出如天猫开心夜、京东沸腾夜、快手真心夜等618电商晚会，通过借势营销、饥饿营销等各种营销手段不断刺激平台用户的虚假消费欲望，使其在"买买买"的洗脑式口号以及各类广告下参与一场场网络狂欢，在电商平台引领与平台用户狂欢式参与中建构起购物节消费神话。在一次次平台建构的非理性消费观念下，用户对于商品的符号价值以及网络狂欢的参与感远远超过对于商品本身实用价值的诉求，背离了绿色消费、理性消费的消费观念。

2019年4月28日，习近平总书记在中国北京世界园艺博览会开幕式上的重要讲话中指出："取之有度，用之有节"，是生态文明的真谛。我们要倡导简约适度、绿色低碳的生活方式，拒绝奢华和浪费，形成文明健康的生活风尚。"俭，德之共也；侈，恶之大也"。古往今来，节俭作为一种生活方式，体现了中华民族的价值取向和道德风尚，留下了"历览前贤国与家，成由勤俭破由奢"的历史警思。

作为电商从业者应该引导客户合理消费，应自觉承担起对消费者、环境的责任，承担起推动社会可持续发展的责任，承担起社会责任传播的责任，在多方协同共治下共建风清气正的网络交易空间，推动社会系统更加良性的发展。

自我测试

操作题

（1）请在淘宝网搜索以下类型商品，对比不同类别商品宝贝详情页模块顺序，并思考为什么。

商品种类	模块1	模块2	模块3	模块4	模块5	模块6	模块7	模块8	模块9
服装									
电子商品									
百货									
图书									
化妆品									

（2）由教师提供一组商品图片，分组进行商品详情页制作，要求做到图文并茂。

项目5 店铺装修诊断

项目综述

运营淘宝网店必须要时刻关注各项数据，只有通过数据，我们才能真正客观地了解市场、了解对手、了解自己。网店美工关注数据的核心就是基于用户数据对用户进行有针对性的设计。通过从网站浏览的商品、收藏、购物车、网页打开和关闭等行为记录查找网店装修存在的问题，有针对性地改进流量增加和转化率的提高。

项目目标

学习完本项目后，你将能够：

知识目标

- 了解数据分析指标含义。
- 了解数据分析基本原理。
- 学习店铺装修诊断基础知识。

能力目标

- 能够掌握生意参谋数据分析工具操作。
- 能够查看装修分析数据，并作对比分析。
- 能够撰写店铺装修诊断报告。

素质目标

- 培养诚信经营的意识，合理引导消费者，不欺骗消费者。
- 培养商业机密保密意识，防止网店经营数据泄露。
- 让学生懂得合法使用信息资源和开展商务活动。
- 通过小组完成作业，锻炼学生的合作能力。
- 培养学生学思结合、知行统一。
- 培养学生勇于探索，开拓创新的意识。

思维导图

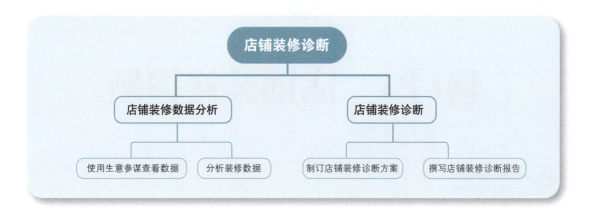

任务1　店铺装修数据分析

情境设计

小丽制作了一个宝贝详情页并上传到网店，但过了一周也没有卖出去一件宝贝。小丽询问师傅小王为什么店铺大部分商品都可以卖出去，而她的商品卖不出去。小王告诉她可以通过数据平台研究一下原因，小丽在师傅的指引下开始学习查找店铺装修数据并分析装修存在的问题。

任务分解

小丽第一次知道网店数据还可以分析装修存在的问题。师傅小王告诉她首先要了解如何查看淘宝网店经营数据，他们网店常用的数据研究工具是淘宝官方的生意参谋软件。师傅布置了任务，要小丽首先了解生意参谋软件使用方法和数据指标的含义；其次要通过装修分析数据查找网店装修存在的问题，找到商品卖不出去的原因。

活动1　使用生意参谋查看数据

活动背景

生意参谋平台是阿里巴巴重金打造的首个商家统一数据平台，面向全体商家提供一站式、个性化、可定制的商务决策体验。2014年10月28日，由原来量子恒道与生意参谋两款软件的整合升级版"生意参谋平台"面世，集成了量子恒道的海量数据及生意参谋的店铺经营思路，不仅整合了量子恒道大部分功能，还新增了自助取数、单品分析、商品温度计、实时直播大屏等新功能。

活动实施

1. 订购生意参谋

①登录淘宝账号,在"卖家中心"中找到"卖家服务市场",如图5.1.1所示。

图5.1.1

②搜索"生意参谋",如图5.1.2所示。

图5.1.2

生意参谋目前标准包免费开放给商家使用,部分高级功能如来源分析、装修分析、竞争情报等为收费项目,网店可以根据需要订购,如图5.1.3所示。

2. 查看生意参谋主要功能

①首页。在首页中显示店铺核心关键数据,方便管理人员全面掌握店铺运营状态。

②实时直播。PC和无线端的店铺实时概况,可以用于大屏幕展示实时数据。

③经营分析。提供流量、商品、交易等全链路店铺经营分析。

④市场行情。

⑤自助取数。自助获取店铺经营数据,能够实现精细化数据收集和分析。

⑥专题工具。专注经营具体环节,专项问题专项解决,将来还将扩展更多功能模块。

图5.1.3

（1）首页功能详情

生意参谋的首页主要有3部分：实时数据、昨日数据、同行及FAQ，3个部分的数据可以很好地帮我们做好数据分析，检测店铺存在的问题，及时调整优化店铺，如图5.1.4所示。

图5.1.4

①实时数据。通过首页可以了解店铺实时核心指标数据：当前店铺的支付金额、当前的访客数。可以知道具体店铺的排名情况，自己属于同行业什么层级。通过首页的广告位了解最新最热的电商数据资讯，还可以关注平台最新动态，右下角有推荐工具，推荐最热门的店铺管理工具。

②昨日数据。

● 看流量。可以了解网店具体访客数及浏览量，可以根据流量数据判断网店是否存在问题。

● 看商品。自己的商品销售转化情况如何？究竟有多少宝贝无人问津？哪些宝贝被人青睐？具体成交又有多少宝贝？销售转化是否属于健康值？

● 看交易。辛苦了那么久到底自己是赚？是亏？看看具体的支付金额。右侧营销栏目可以查看店铺使用营销工具中效果最好,买家购买最多的是哪种,也可以直接查看同行营销工具效果的排名。右侧还可以看到服务评分,看看自己的宝贝是否顺利到达买家手里,宝贝的评分如何?

③同行数据及FAQ。知己知彼,百战不殆,除了看自己做得如何,也应该放眼看看同行谁做得好。哪些商品现在最热卖?看看最热门的搜索词是什么?生意参谋常用指标见表5.1.1。

表5.1.1　生意参谋常用指标解释

指标解释——公共指标		
指标类型	指标名称	指标注释
流量类	浏览量	店铺或商品详情页被访问的次数,一个人在统计时间内访问多次记为多次。所有终端的浏览量等于PC端浏览量和无线端浏览量之和。
	PC端浏览量	店铺或商品详情页在电脑浏览器上被访问的次数,一个人在统计时间内访问多次记为多次。
	无线端浏览量	您的店铺或商品详情页在无线设备(手机或Pad)的浏览器上被访问的次数,称为无线WAP的浏览量;在无线设备的App(目前包括手机淘宝、天猫App、聚划算App)上被访问的次数,称为无线App浏览量,无线端浏览量等于无线WAP和无线App浏览量之和。
	访客数	您店铺页面或商品详情页被访问的去重人数,一个人在统计时间内访问多次只记为1个。所有终端访客数为PC端访客数和无线端访客数直接相加之和。
	PC端访客数	店铺或商品详情页在电脑浏览器上被访问的去重人数,一个人在统计时间范围内访问多次只记为1个。
	无线端访客数	店铺或商品详情页在无线设备(手机或Pad)的浏览器上,或者,在无线设备的App(目前包括手机淘宝、天猫App、聚划算App)上被访问的去重人数,记为无线端访客数。特别地,如果通过浏览器和通过App访问的是同一人,无线端访客数记为1个。
	跳失率	一天内,店铺浏览量为1的访客数/店铺总访客数,即访客数中,只有1个浏览量的访客数占比。该值越低表示流量的质量越好。多天的跳失率为各天跳失率的日均值。
	人均浏览量	浏览量/访客数,多天的人均浏览量为各天人均浏览量的日均值。
	人均停留时长	来访您店铺的所有访客总的停留时长除以访客数,单位为秒,多天的人均停留时长为各天人均停留时长的日均值。
	页面离开访客数	根据所选的页面,从这个页面离开店铺的人数去重,同一个人一个会话内通过多个页面离开店铺,仅计入该会话中最后一次离开的页面,同一个人多个会话通过多个页面离开店铺,同时计入各个离开的页面。
	页面离开浏览量	根据所选的页面,从这个页面离开店铺的次数。同一个人一个会话内通过多个页面离开店铺,仅将离开浏览量计入该会话中最后一次离开的页面,同一个人多个会话通过多个页面离开店铺,浏览量计入各个离开的页面。

续表

指标解释——公共指标		
指标类型	指标名称	指标注释
流量类	页面离开浏览量占比	根据所选的页面,页面离开浏览量/页面被访问的次数。
	去向离开访客数	根据所选的去向渠道,离开店铺后去向该渠道的去重人数。
	去向离开访客数占比	去向离开访客数/所有去向离开访客数之和。
	点击数	您的店铺页面被用户点击的次数,一个人在统计时间范围内多次点击该页面会被计算为多次。
	点击人数	点击您店铺页面的去重人数,一个人在统计时间范围内多次点击该页面只会被计算为1次。
	点击转化率	统计时间内,店铺页面点击数/店铺页面浏览量,即所查看的页面平均被点击的比率。该值越高越好。
	跳出率	统计时间内,访客中没有发生点击行为的人数/访客数,即1点击人数/访客数。该值越低越好。
交易与商品类	下单买家数	统计时间内,拍下宝贝的去重买家人数,一个人拍下多件或多笔,只算1个人。
	下单金额	统计时间内,宝贝被买家拍下的累计金额。
	支付买家数	统计时间内,完成支付的去重买家人数,预售分阶段付款在付清当天才计入内;所有终端支付买家数为PC端和无线端支付买家去重人数,即统计时间内在PC端和无线端都对宝贝完成支付,买家数记为1个。
	PC端支付买家数	在电脑上拍下后,统计时间内,完成付款的去重买家人数。特别说明,不论支付渠道是电脑还是手机,在电脑上拍下的,就将该买家数计入PC端支付买家数。
	无线端支付买家数	在手机或Pad上拍下后,统计时间内,完成付款的去重买家人数。特别说明,不论支付渠道是电脑还是手机,在手机或Pad上拍下的,就将该买家数计入无线端支付买家数。
	支付金额	买家拍下后通过支付宝支付给您的金额,未剔除事后退款金额,预售阶段付款在付清当天才计入内。所有终端的支付金额为PC端支付金额和无线端支付金额之和。
	PC端支付金额	买家在电脑上拍下后,在统计时间范围内完成付款的支付宝金额,未剔除事后退款金额,预售分阶段付款在付清当天才计入内。特别说明,支付渠道不论是电脑上还是手机上,在电脑上拍下的,就将后续的支付金额计入PC端。

指标类型	指标名称	指标注释
	\multicolumn{2}{c}{指标解释——公共指标}	

指标类型	指标名称	指标注释
交易与商品类	无线端支付金额	买家在无线终端上拍下后，在统计时间范围内完成付款的支付宝金额，未剔除事后退款金额，预售分阶段付款在付清当天才计入内。特别说明，支付渠道不论是电脑上还是手机上，在手机或Pad上拍下的，就将后续的支付金额计入无线端。
	客单价	统计时间内，支付金额/支付买家数，即平均每个支付买家的支付金额。
	下单转化率	统计时间内，下单买家数/访客数，即来访客户转化为下单买家的比例。
	下单—支付转化率	统计时间内，下单且支付的买家数/下单买家数，即统计时间内下单买家中完成支付的比例。
	支付转化率	统计时间内，支付买家数/访客数，即来访客户转化为支付买家的比例。
	确认收货指数	系统挖掘计算得出的确认收货等级，星级越高，表示确认收货的可能性越大。
	支付件数	统计时间内，买家完成支付的宝贝数量，如出售手机，64G两个，128G 1个，那么支付件数为3。
	下单件数	统计时间内，宝贝被买家拍下的累计件数。
	商品动销率	统计时间内，所选终端条件下，店铺整体商品售出率，即支付商品数/店铺在线商品数，PC端商品动销率=PC端支付商品数/店铺在线商品数，无线端商品动销率=无线端支付商品数/店铺在线商品数。
	收藏人数	通过对应渠道进入店铺访问的访客数中，后续有商品收藏行为的人数。对于有多个来源渠道的访客，收藏人数仅归属在该访客当日首次入店的来源中。同一个访客多天有收藏行为，则归属在收藏当天首次入店的来源中，即多天都有收藏行为的收藏人数，多天统计会体现在多个来源中。收藏人数不等同于收藏宝贝和收藏人气等其他指标。
	加入购物车人数	通过对应渠道进入店铺访问的访客数中，后续有商品加入购物车行为的人数。对于有多个来源渠道的访客，加入购物车人数仅归属在该访客当日首次入店的来源中。同一个访客多天有加入购物车行为，则归属在加入购物车当天首次入店的来源中，即多天都有加入购物车行为的人，多天统计会体现在多个来源中。

续表

指标解释——公共指标		
指标类型	指标名称	指标注释
公用	同行平均	所选的比较二级类目中,处于您所在市场(淘宝或天猫)该行业60%分位的同行的指标值,超过这个指标值,意味着您处于行业前40%范围内。
	同行优秀	所选的比较二级类目中,处于您所在市场(淘宝或天猫)该行业90%分位的同行的指标值,超过这个指标值,意味着您处于行业前10%范围内。
	淘内免费访客	根据所选终端统计的,淘内免费来源渠道的访客数/(淘内免费渠道来源的访客数+淘内付费渠道来源的访客数),所有终端淘内免费来源访客数等于PC端和无线端淘内免费的访客数直接相加之和。淘内免费和淘内付费来源的定义规则详见流量地图。
	淘内付费访客	根据所选终端统计的,淘内付费来源渠道的访客数/(淘内免费渠道来源的访客数+淘内付费渠道来源的访客数),所有终端淘内付费来源访客数等于PC端和无线端淘内付费的访客数直接相加之和。淘内免费和淘内付费来源的定义规则详见流量地图。
	访客地域	根据访问者访问时候的IP地址进行计算,如果一个访问者一天通过多个不同省份的IP地址访问,会同时计入多个省份。
	访客来源关键词	访客户入店前搜索的关键词,如果访客通过多个关键词进入店铺,同时计入多个关键词。
	新访客/老访客	本次访问前6天内曾经来访过店铺,记为老访客,否则为新访客。

(2)实时直播功能详情

实时直播提供了PC和无线端的店铺实时概况,实时来源(包括流量来源分布、地域分布),实时榜单(热门宝贝排行榜),实时访客(可以实时查看每个访客的入店时间、来源、访问页面),还有超酷炫的实时直播大屏,如图5.1.5所示。

①实时概况。生意参谋提供店铺实时的概况数据,主要有实时支付金额、实时访客数、实时买家数及对应的排名和行业平均值,还提供小时粒度的实时趋势图,并提供与历史数据对比功能,所有数据都分所有终端、PC端、无线端3种模式查看,其中还有实时数据大屏功能,如图5.1.6所示。

超炫的大屏模式,还提供流星雨庆祝模式。单击设置,弹出设置框,选择是否开启庆祝特效模式,选择开启,则需要设置3部分:

图5.1.5

图5.1.6

首先设置特效最低值，比如达到1 000元开始庆祝特效；然后设置特效间隔值，比如达到1 000元后，每隔1 000元即2 000元、3 000元……再次出现庆祝模式；最后设置是否需要零点特效，比如20151111大促24点时刻是否需要流星雨庆祝模式，选中则需要，默认选中。

②实时路径。主要提供店铺实时访客地域分布、实时流量来源分布，分访客数和下单买家数让你了解到店铺实时访客前十地域分布，分PC端无线端让你了解到店铺细分实时来源效果，实时了解当前店铺流量来源现状，及时调整引流策略。

③实时榜单。主要提供商品排序前50位榜单及实时催费宝，商品排序前50位榜单主要根据支付金额、访客数两种排序下的前50商品列表，并且还提供搜索功能，支持查询想知道的商品的实时效果数据。实时催付宝主要提供潜力买家前50位榜单，该榜单买家有很高的转化率，是在店铺实时下单没有支付，且未在其他店铺购买同类商品的买家。

④实时访客。主要提供店铺的实时访客记录，能实时了解店铺访客的浏览情况，目前只做了PC端的实时访客数据，之后会把无线App端、无线WAP端的数据也引入。

（3）经营分析功能详情

①流量分析。淘宝流量来源有很多，主要可以分为淘宝站内自然搜索流量、付费广告流量、淘宝站外流量。生意参谋有流量分析这一功能，能帮我们提供全店流量的概况、流量的来源和去向的流量地图、来访访客时段地域等特征分析和店铺装修的趋势和页面点击分布分析。通过流量分析，可以帮助我们快速盘清流量的来龙去脉，识别访客特征，了解访客在店铺页面上的点击行为，从而评估我们店铺的引流、装修等健康度，帮助我们更好地进行流量管理和转化，如图5.1.7所示。

图5.1.7

②商品分析。提供了店铺所有商品的详细效果数据，包括5大功能模块：商品概况、商品效果、异常商品、分类分析、采购进货。为我们在作宝贝数据分析时提供了很好的帮助，可以让我们轻松识宝贝的潜力、宝贝潜在问题，在我们打造爆款时作好这些数据分析就会更加容易了，如图5.1.8所示。

③交易分析。交易分析主要提供交易概况和交易构成两个功能点，从店铺整体到不同粒度细分店铺交易情况，及时掌控店铺交易问题，并提供资金回流行动点。

交易概况是从店铺整体粒度了解店铺的整体交易情况，从访客到下单到支付的交易漏斗，让您能更清晰理解店铺转化，并且提供店铺趋势图及同行对比趋势图，及时了解店铺及同行趋势，如图5.1.9所示。

图5.1.8

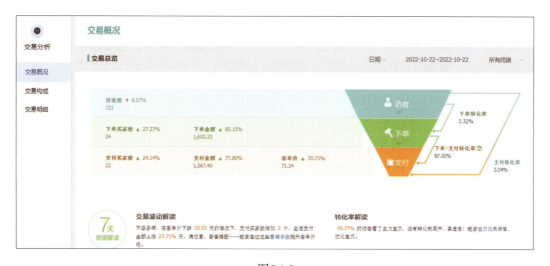

图5.1.9

　　交易构成是从不同粒度细分店铺交易构成情况,主要从终端细分、类目细分、价格带细分3种细分粒度,分析店铺交易情况,还提供资金回流行动点,如图5.1.10所示。

　　④营销推广。生意参谋提供了详细齐全的各项店铺数据,为我们卖家在经营店铺时奠定了很好的基础。致力打造数据化运营店铺,不单于此,生意参谋还有营销推广功能,其中包括了营销工具、营销效果两大功能,在宝贝参加营销活动时提供了一个强大的助力,如图5.1.11所示。

　　(4)市场行情功能详情

　　市场行情功能帮助店主了解更多行业供求关系、竞争动态,推测市场份额。可以帮助网店运营人员进行运营规划、品类规划、人群分析、搜索优化、行业标杆分析等电商运营活

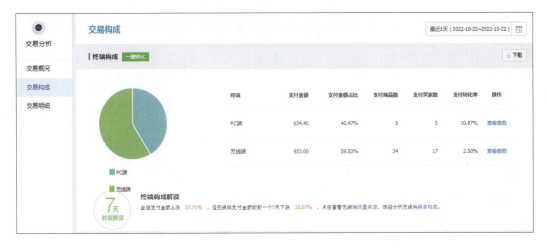

图5.1.10

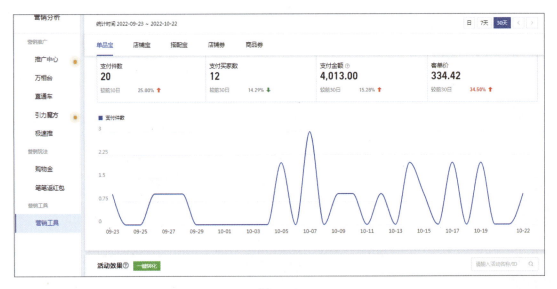

图5.1.11

动。同时提供PC、无线、淘宝、天猫、全网等多维度的数据展现方式，让网店数据的分析更加全面，如图5.1.12所示。市场行情功能包含行业洞察、搜索词分析、人群画像3大功能。

①行业洞察。根据行业大盘走势、细分行业分析、品牌/商品/属性交易走势分析，作数据判断及预测，制订品牌/店铺整体运营规划，指导店铺整体运营方向。其中包含商品店铺排行榜功能，提供行业、品牌、商品下的竞争店铺和竞争商品的排名及详情，了解他们排名靠前的原因。

②搜索词分析。提供相关行业的多角度的搜索词排行榜，如品牌词、修饰词、长尾词等，同时提供搜索相关数据趋势以及类目相关性数据，掌握行业热门需求变化趋势，为商品标题优化提供选词依据。

③人群画像。根据对买家的社会属性、淘宝属性、行为偏好、购买偏好等分析，把握买家的喜好及潜在需求，优化店铺的风格，同时制订更精准的投放策略。

图5.1.12

（5）自助取数功能详情

自取数据就是淘宝网店经营者可以直接在生意参谋轻松导出丰富的指标数据，并且提供不同时间段（自然天、自然周、自然月）的数据查询服务，这使经营者作数据分析时省去了很多烦琐的流程。自助取数包含我要取数、我的报表、推荐报表3大功能，如图5.1.13所示。

图5.1.13

①我要取数。汇总数据可以选择周期，有自然天、自然周、自然月可供选择。需要注意的是，访客数、PC端访客数、无线端访客数的指标在汇总周期内是去重计算的。

②我的报表。我的报表默认为空，需要手动在"我要取数"页面单击"加入我的报表"加入"我的报表"。如果已经保存过报表，则都会在此页面。最多只允许卖家添加10个报表到"我的报表"中。

操作小提示：

a.单击"全部"可显示或隐藏我的报表名称导航区。

b.单击"全部"展开，单击某一个报表名称，可以迅速定位到对应的报表信息区域。

c.可以对已经保存的报表进行预览数据（包括下载数据）、修改报表、删除报表的操作。

③推荐报表。推荐报表是由系统推荐给用户的已经预设好取数指标等信息的报表快捷入口。单击开始取数即可以对预设的指标等信息进行查询。推荐报表包括店铺日报，店铺周报、店铺月报，以及从流量、交易方面预设的报表信息，还有无线的专题报表。

3.分析网购消费者行为

以小组为单位，挑选一个商品在淘宝网上完成一笔真实的购物，详细记录购买过程（包含鼠标点击位置、图片等），分析每一步操作原因，并在课堂上进行汇报。

活动2　分析装修数据

活动背景

小丽了解了生意参谋的基本功能以及数据指标的含义，可是那么多数据指标与网店装修相关的核心数据和功能有哪些呢？小丽询问企业导师小王应该如何使用生意参谋，导师告诉小丽还是要从消费者购物行为来分析。消费者购物如果对网店商品感兴趣，他在网店中挑选商品时候浏览网页时会留下很多痕迹，通过消费者点击行为来倒推消费者购物心理状态，从而推定装修中存在的问题并加以改进。小丽在企业导师指引下开始学习如何通过数据分析消费者购物行为。

活动实施

1.网购购物调查

随机打开一家淘宝网店，浏览店铺首页推荐的商品，然后以小组为单位讨论如果你是消费者是否会在这家网店购买商品，并说明原因。

要点提示

网店装修对消费者购物的影响

网店装修是用来树立形象和招徕顾客的物质特征，装修色彩风格、页面布局、商店陈列等方面的不同会营造出不同的气氛，并且会直接影响到消费者的心理感受或情绪，从而导致消费者的行为出现较大的变化。

网页界面设计的好坏将会对网络消费者的第一印象产生重要作用。通常网店界面设计得优良与否将会使网络消费者产生以下几种行为如图5.1.14所示。

图5.1.14

①立刻离开。

②浏览。

③浏览并购买。

由此可知，一个有效率的网店装修设计应当能够促使网络消费者产生后两种行为，通过生意参谋可以使其查到消费者的年龄、性别、爱好、购买偏好等个人资料信息，针对客户偏好信息为消费者提供符合其兴趣的购物页面。极强的针对性和互动性提高了达成交易的概率，而这些在传统的零售商店中是不可能实现的。

知识窗

消费者购买行为分析的基本框架

市场营销学家把消费者的购买动机和购买行为概括为6W和6O，从而形成消费者购买行为研究的基本框架。

（1）市场需要什么(What)——有关商品(Objects)是什么。通过分析消费者希望购买什么，为什么需要这种商品而不是需要那种商品，研究企业应如何提供适销对路的商品去满足消费者的需求。

（2）为何购买(Why)——购买目的(Objectives)是什么。通过分析购买动机的形成(生理的、自然的、经济的、社会的、心理因素的共同作用)，了解消费者的购买目的，采取相应的市场策略。

（3）购买者是谁(Who)——购买组织(Organizations)是什么。分析购买者是个人、家庭还是集团，购买的商品供谁使用，谁是购买的决策者、执行者、影响者。根据分析，组合相应的商品、渠道、定价和促销。

（4）如何购买(How)——购买组织的作业行为(Operations)是什么。分析购买者对购买方式的不同要求，有针对性地提供不同的营销服务。在消费者市场，分析不同类型消费者的特点，如经济型购买者对性能和廉价的追求，冲动性购买者对情趣和外观的喜好，手头拮据的购买者要求分期付款，工作繁忙的购买者重视购买方便和送货上门等。

（5）何时购买(When)——购买时机(Occasions)是什么。分析购买者对特定商品的购买时间的要求，把握时机，适时推出商品，如分析自然季节和传统节假日对市场购买的影响程度等。

（6）何处购买(Where)——购买场合(Outlets)是什么。分析购买者对不同商品的购买地点的要求，如消费品种的方便品，顾客一般要求就近购买，而选购品则要求在商业区(地区中心或商业中心)购买，一边挑选一边对比，特殊品往往会要求直接到企业或专业商店购买等。

2. 网店数据分析实例

小丽将网店经营数据截图出来，如图5.1.15—图5.1.18所示。请分析网店经营中存在的问题。

图5.1.15

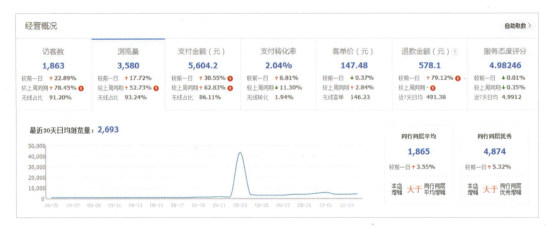

图5.1.16

图5.1.17

图5.1.18

要点提示

网店装修需要关注4大数据：转化率、平均停留时长、浏览量、跳失率。

（1）转化率

转化率，就是所有到达淘宝店铺并产生购买行为的人数和所有访问你店铺的人数的比率。计算方法为：转化率＝（产生购买行为的客户人数／所有到达店铺的访客人数）×100%。影响转化率高低的主要因素有：商品描述质量、与客户需求匹配度、评价好坏、客服的服务质量。

（2）平均停留时长

平均停留时长有两种，一种是首页平均停留时间，还有一种是宝贝详情平均停留时间。那么停留时间的长短和什么有关呢？

停留时间长代表顾客的阅读和查看时间长，可以更好地深度了解你店铺的商品和店铺的内容，可以促进其他3大指数的提升。

（3）浏览量

浏览量为用户在一次访问内访问店铺内页面的次数，人均浏览量即所有用户每次访问时访问深度的平均值。那么人均浏览量和什么有关呢？

①页面的关注点。

②商品的塑造能力。

③关联营销。

④老顾客营销。

人均浏览量和详情的关联、首页的排版、文案的关注度、美工的视觉功底、店铺的转化率都有息息相关的作用，一个人均浏览量高的店铺转化率肯定也高，店铺客单价肯定也高，店铺美工肯定也做得好。

（4）跳失率

跳失率是指顾客通过相应入口进入，只访问了一个页面就离开的访问次数占该入口总访问次数的比例。从这个公式可以看出，跳失率越高，说明页面的跳转性越低，说明页面的吸引力很低，最终影响的还是商品的转化率。跳失率主要跟以下几个因素有关：

①解决访问深度。

②精美的店铺装修。

③提高创意和文案。

综合网店各项数据，对比同类店铺优秀和平均水平，我们可以找出网店存在的主要问题是转化率低于同类店铺平均水平，人均浏览量只有1.92（也就是说大部分客户进入网店只看了两个页面），平均停留时长只有29秒。从数据中我们看出店铺装修存在很大的问题，不能有效吸引客户，导致网店整体转化率不高。

> **知识窗**
>
> **网店运营日常的数据分析方法**
>
> 做淘宝，就是做数据。无论是运营中的变动、市场行情的波动或者规则玩法的改动，这些变化最终都会反馈在数据中，而监控和分析数据，其实就是每个卖家日常工作最重要的一部分。如何进行日常的数据分析？基本模式：找拐点—查数据—对比数据—确定变量—分析原因。
>
> 例如，要提高商品的转化率，首先要分析对转化率影响最大的3个位置：5张主图，特别是第一种首图、详情页第一屏、买家评价。顾客进入店铺后，他首先产生的心理活动是：说服自己关闭这个页面。因此你的图片和文案需要在15 s内说服顾客，让他打消这个念头。因此，就要靠上述的3个位置，特别是5张主图。因此，上述说的这3个位置，一定要进行优化。

任务2　店铺装修诊断

情境设计

小丽通过生意参谋工具查看网店经营数据，并了解了装修分析功能的使用，接下来就需要对经营的店铺进行诊断，并提出装修改进措施。

任务分解

小丽首先要弄清楚店铺装修诊断方法，师傅小王告诉她首先找出与网店装修的相关数据，通过数据变化查找装修存在的问题，然后根据存在的问题进行改进。

活动1　制订店铺装修诊断方案

活动背景

网店运营情况要定期进行分析诊断，结合平台运营要求和竞争对手店铺运营情况做调整。其中，店铺装修是调整的重点。日常调整主要包括调整店招、主辅图、广告图、详情页、直通车创意图等。可以结合点击率、转化率、平均停留时长和访问深度等数据来做诊断测试，确定用户最喜欢的图片，也可以通过与竞争对手对比分析来做综合诊断。

活动实施

许多卖家在店铺出现问题后四处求人诊断，这样做需要一定的时间成本，且要找到真正懂行的专家并不容易。不妨给自己划分一个诊断流程，按流程检查，或许更能对症下药。一般而言，店铺问题集中在4个方面：定位、商品架构、店铺装修、营销推广。

1. 店招诊断

客户进入店铺后，第一眼便看到店招。店招一定要能吸引住眼球，在色彩搭配上要以亮色为主。目的是宣传企业文化、推广单品、推广活动。原则是留住顾客。这个可以在"装修分析热力图"中（不局限于店招，所有页面的点击情况都能看到）判断图片设计的效果是否达标。店招下面的位置可放导航，根据主推商品的顺序来安排。导航细分能让客户一目了然，快速找到自己的需求品。

2. 店铺首页诊断

店招之下便是店铺首页。首页切忌排版杂乱、没有突出重点商品和主推爆款商品。一屏大海报可以推广多款商品，不要浪费位置。且海报要突出商品卖点。同时，商品排版不能拥挤，让主次分明。具体参考方法包括：首页轮播、根据店铺商品布局、放3张海报、分别推不同主题的商品或活动或形象展示。单品展示,可以采用很多方式,可以是一排4个的坑位展示法,也可以做成950像素×350像素的海报,也可将两者相结合,主推商品做成海报式,替补商品做成坑位式,首页要有层次感。值得注意的是,首页商品的上下顺序可以根据数据调整。可以从生意参谋的数据中发现。7天和30天搜索店铺的商品中哪个商品的客户占比最高,那么就将这个商品放到最前面,最优先展示给买家,根据需求去作调整。

有一点细节需要注意,在买家购物的时候,很多买家喜欢在店铺内搜索,因此将搜索店内宝贝放到分类前面,可增加用户体验好感,便于浏览习惯。

下面列举几个常见的细节上的装修误区:

①盲目跟风,看见人家放横幅轮播,自己跟风做几张粗糙图片,而且没控制好频率,引起消费者反感。

②图片太大加载起来很慢,如果在10秒钟内不能显示,很多客户就会直接关闭。

③首页配色过多,缺少整体感,让顾客直接想逃离你的店铺。

④导航混乱,没有清晰明确的顶部导航。

⑤店铺装修不能抓住重点,完全根据店主自我的喜好想当然地进行设计装修,而不是根据客户群和商品特点进行装修。

⑥首页太长,有的店铺首页多达8屏以上,消费者看完前3屏找不到兴趣点就可能直接关闭。

⑦宝贝展示太多,流量不能充分集中到几个优势宝贝上。

⑧忽略了首页的搜索功能,不方便客户快速找到他想找的宝贝。

3. 商品详情页诊断

商品详情页优化首先是主辅图片,主辅图要能突出主商品,主商品比例控制在61.8%(黄金比例分割点)。主辅图可以从以下几点入手:①把商品放在场景中;②把商品的特性用实物图展示;③把商品的配套件或赠品展示;④把商品的累计销售量展示;⑤有模特的商品主图优化,且使用真人模特图,展现正反面、侧面等,展示多个商品的模特图,注意主图商品的颜色选择。

商品详情页按照正常的浏览习惯顺序进行排版,一般排序首先是关联商品;其次是商品的整体介绍,包含商品材质,用途等;第三,商品功能性介绍;第四,商品细节卖点介绍(告诉卖家为什么要购买我的);第五,商品组装介绍;第六,商品场景图片。当然不同类别商品排序会不一样,我们可以关注同类优秀店铺热销商品详情页制作顺序来优化我们的商品详情页。

知识窗

表5.2.1 与网店装修有关的核心数据

指标	名词解释	影响的因素
淘宝搜索	从淘宝直接搜索宝贝进入店铺的流量	①商品的主图、标题、价位；②了解搜索规则。
直通车	由直通车推广进入店铺的流量	①商品的主图、标题、价位；②出价的多少；③投放策略。
钻石展位	由钻石展位推广进入店铺的流量	①投放图片的美观度；②竞价策略。
单品页面浏览量	每天进入单品页面的独立访客数	①商品的主图、标题、价位；②推广策略。
人均浏览量	人均浏览量,是指用户平均每次连续访问浏览的店铺页面数	①店铺装修；②关联销售；③店铺活动。
畅销商品数	店铺销量排名前10位的商品	①促销；②定价；③流量的引入；④店铺装修。
滞销商品数	28天没有销售的商品数量	①促销；②定价；③流量的引入；④店铺装修。
细节图	商品拍摄所展现的细节图示	未设置细节图

活动2 撰写店铺装修诊断报告

活动背景

收集店铺与装修相关的数据之后,初步判断引起问题的原因,然后将撰写分析报告,提交给经理用于运营决策。

活动实施

根据以上所学专业知识诊断小丽运营的网店,并撰写店铺装修诊断报告。

1. 店铺基本概况（见表5.2.2、表5.2.3）

表5.2.2　店铺基本概况（一）

入驻时间	2015年8月1日
货源	100%自产
定位	中低价位各类时尚女鞋
SKU	18

表5.2.3　店铺基本概况（二）

团队情况	店长	1人	兼任运营推广
	客服	2人	售前客服1人、售后客服1人
	视觉	1人	美工1人
	仓管、发货	1人	

2. 数据及问题呈现

表5.2.4是小丽网店9月份主要的维度数据，以及和同层商家的数据对比情况。通过表格数据发现，小丽网店的转化率和平均停留时长要低于同层平均水平很多，然而访客数却高于同层商家平均水平1倍，甚至接近同层级优秀水平。

表5.2.4　店铺数据

维度	9月日均	同层级平均水平	同层级优秀水平
成交额/元	5 895	2 394	4 347
访客数	2 072	905	2 253
转化率/%	1.93	2.17	4.64
客单价/元	147.3	190	370
人均浏览量	2.01	1.7	3
平均停留时长/s	30	45	180
跳失率/%	64.71	83.5	62.15

首先，我们要解释一下小丽网店的访客为什么那么大？在入驻后，9月23日，店铺天天特价，当天访客有两万多人。那么，店铺经营数据问题主要集中在转化率、人均浏览量和平均停留时长上，下面从店铺装修上来查找原因。

3. 卖家自我诊断

店铺需要装修，使顾客看了有耳目一新的感觉，对于有些版本的拓展功能有摸索过，但是还没有完全了解。店铺风格不固定也是问题之一，宝贝页面详情页信息不够全面，正在努力完善中，比如鞋子质量、包装方式、材料、尺码问题等。宝贝间的关联链接做得不够到位，往往是做了关联链接，但是长时间不更新。宝贝图片还需进一步提高图片质量，包括拍摄角度全面化，色差最小化，尽量有模特上脚拍摄图，供买家参考。由于利润比较薄，因此一些活动搞不起来。

4. 诊断分析

店铺整体视觉感是需要解决的首要问题，因为经营的是女鞋类目，通过查"生意参谋访客分析"可以看出网店面对的是女性群体，因此视觉冲击对于买家具有举足轻重的作用，如图5.2.1所示。很多买家更愿意享受逛的乐趣，而在淘宝上，满足女性消费者"逛街"乐趣的就是店铺装修和宝贝详情页的设置。

通过对比同类优秀店铺首页第一屏可以看出，店铺存在着首屏颜色过于深沉，视觉没有看点，没有吸引消费者的店铺活动或是单品推广，如图5.2.2、图5.2.3所示。

图5.2.1

图5.2.2

图5.2.3

活动推广区展示两张同款图片,体现不出卖点和品质感,不够吸引人,如图5.2.4所示。

图5.2.4

首页第三屏页面色彩较为混乱等,如图5.2.5所示。这些可以归结为店铺整体风格不统一,没有进行合理的店铺规划。这些问题需要卖家思考以下几个问题:店铺想打造什么样的氛围?设计定位是什么?同时店铺的特色如何体现?

卖家可以参考同类优秀店铺装修风格,如图5.2.6和图5.2.7所示。考虑以欧美时尚风格统一装修(店标,促销海报等),营造购物气氛;重点推广商品放首页明显地方,配合每周新款。

图5.2.5

第二屏Banner可以分为两个部分，文字为主，图案为辅。辅助图虽然占据大多数的面积，加以文字的说明，让用户知道这个Banner要说明什么。最好在最短的时间内把我们想说的传达给用户，让Banner达到满意的效果从而提高点击率，文案和图片信息的效果会直接影响点击率。

商品详情页色调与店铺整体色调不统一，而且图片只有整体图，缺少其中细节图和商品模特实拍图。

图5.2.6

图5.2.7

5. 具体建议

①店标。建议设计LOGO, 增加店铺口号或是重要的店铺大促, 第一时间吸引目标用户, 让用户很容易进入环境, 然后让他们继续了解更多的信息。

②Banner广告。一个好的店标Banner设计必须适合其目标顾客的层次, 适合其经营宗旨和情调, 这样才能为店铺树立好的形象, 增强对顾客的吸引力。店标设计Banner可以做店名易读易记, 含义丰富, 以2~5个字节为宜, 英文以4~7个字母为宜, 避免与其他店铺混淆, 适合结合广告语给顾客一个富有特色、得到愉悦联想的好印象。

③宝贝分类导航区。采用图文结合方式, 帮助用户理解对应商品。

④橱窗推荐区域。每个大标题保持统一风格, 保持一致性, 让用户易识别。促销专区是直接促成交易为主要目的的, 内容大多以图片为主, 具有视觉冲击力并给人以震撼感, 因此价格设计问题就很关键, 图片中显示原始价或折扣价, 用户认为了解便宜了多少比卖多少钱更重要。显示热销宝贝件数增加顾客对宝贝的信赖。

⑤促销专区。可以通过节日促销(以庆祝某一活动为主题组成促销专区)、事件促销(以联合某个活动商品为组合的专区)、关联促销(把有关联性的多种宝贝设置为特定场景)来诱发顾客的购买行为。

⑥宝贝详情页面。多展示宝贝图片信息, 使顾客从多个角度都能较清晰地看清宝贝, 建议宝贝照片上一定要添加带有透明度水印的图片, 保证照片独一无二而不被盗用。对于女装女鞋类宝贝可以选择合适的模特展示宝贝, 如图5.2.8所示效果会更好。

⑦整体色彩。建议结合模特图片, 唤起用户休闲舒适的感受, 适当配黄色、浅蓝色、丰富整个页面的色调。颜色搭配不要太乱, 要有主色调, 颜色最好不要超过3种(白黑灰不算)。

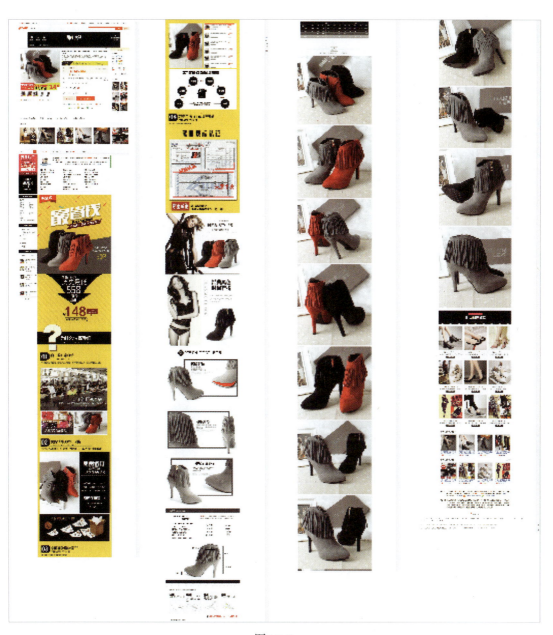

图5.2.8

思政小课堂

美工设计中常见的侵权行为

亦称"著作权",它当中包括了很多权利,常见的比如署名权、发表权、修改权、复制权、传播权、汇编权等。美工设计常见的侵权主要是指未经原作者的允许,擅自使用原作者的作品(图片和字体)用于商业用途。随着我国版权保护制度的不断完善以及人们对版权保护意识的提高,个人或企业在日常生活、生产经营中收到版权方的侵权通知函、律师函的情况是相当常见了,轻则因删除文章和链接、重则将面临版权方高额索赔。

一、图片侵权类别

商业摄影图:就是常规采购的一些场景、风景、摄影图片等;综合素材类:设计师创作的,并授权平台可以售卖的素材,如插画类、海报类等;带有人物的摄影图:如名人肖像,带有人物的办公场景图,其他带有人物肖像图。

有五个方法规避图片侵权:

(1)制订使用规则和审核机制。制定使用图片的要求和标准;定期进行侵权检查,或者审核。

(2)图片网站采购。图片网站采购或者开通有图片授权的账号。

(3)自行拍摄。摄影基础的设计师可以自行拍摄。

(4)找第三方机构拍摄。

(5)搭建图片库,将可商用的素材全部整合进行二次利用。

二、字体侵权的形式

字体侵权应该是设计师常见的事情了,对版权字体简单的拉高、压扁、倾斜、描边等,整体可以看出版权字体的特征,均不能避免侵权风险。

有两个方法可以规避字体侵权:

(1)搭建免版权字体库。

如果公司没有采购任何字体,可以搭建免版权字体库,目前开源字体也是非常多的。如阿里巴巴普惠字体、思源黑体等。

(2)建立品牌字体库

通过购买部分常用字体版权,建立常用的字体标题组件库,一般1 000字左右能基本满足诉求。

自我测试

操作题

1. 根据生意参谋数据分析平台,对比消费者购物过程中关注数据和网店店主经营过程中关注的数据重要性顺序,并思考为什么。

关注网店数据	第一关注数据	第二关注数据	第三关注数据	第四关注数据	第五关注数据
消费者					
网店店主					

2. 在淘宝论坛中搜索装修分析的热力图, 帮助网店主分析用户点击行为, 并提出有针对性的改进意见。

3. 以小组为单位, 找到一家正常经营的网店, 通过查看生意参谋后台数据和前台界面, 对比同类店铺, 分析该网店装修中存在的问题, 并撰写诊断报告, 并在课堂上作汇报。

序号	评价项目	评价内容及要求	自评分	第三方评分		总分
				小组互评	教师评分	
1	装修分析	过程数据收集（10分）				
2		浏览网店装修对比（10分）				
3		装修分析（10分）				
		装修诊断报告（10分）				
4	小组汇报	PPT制作精美, 整体布局风格（包括模板设计、版式安排、色彩搭配等）美观合理。整部作品播放流畅, 运行稳定、无故障（20分）				
5		小组汇报语言规范（普通话）, 声音洪亮圆润、吐字清晰、表达准确, 无口头语（20分）				
		反应灵活, 能够很好地回答评委的提问, 结束提问时能够回答结论要点, 予以总结（20分）				

参考文献

[1] 淘宝大学. 网店美工实操 [M]. 北京: 电子工业出版社, 2013.

[2] 淘宝大学. 电商运营 [M]. 北京: 电子工业出版社, 2012.

[3] 淘宝大学. 数据化营销 [M]. 北京: 电子工业出版社, 2012.

[4] 曹天佑, 王涛, 胡渤. 淘宝网店美工DIY攻略 [M]. 北京: 电子工业出版社, 2014.

[5] 王楠. 网店美工宝典 [M]. 北京: 电子工业出版社, 2015.

[6] 谢文创. 网店美工实战 [M]. 北京: 清华大学出版社, 2015.

[7] 曹明元, 王丹. 电子商务网店美工与视觉设计 [M]. 北京: 清华大学出版社, 2015.

[8] 崔慧勇, 刘瑾. 从零开始! 淘宝网开店、装修、营销一本通: 全彩视频版 [M]. 北京: 中国铁道出版社, 2014.